Thomas Fuchs

111 Orte auf Usedom, die man gesehen haben muss

111

emons:

Bibliografische Information der Deutschen Nationalbibliothek
Die Deutsche Nationalbibliothek verzeichnet diese Publikation in der Deutschen Nationalbibliografie; detaillierte bibliografische Daten sind im Internet über http://dnb.d-nb.de abrufbar.

MIX
Papier | Fördert gute Waldnutzung
FSC® C083411
FSC www.fsc.org

Gestaltung: Eva Kraskes, nach einem
Konzept von Lübbeke | Naumann | Thoben
Kartografie: altancicek.design, www.altancicek.de
Kartenbasisinformationen aus Openstreetmap,
© OpenStreetMap-Mitwirkende, ODbL
Druck und Bindung: CPI – Clausen & Bosse, Leck
Printed in Germany 2023
ISBN 978-3-7408-1713-8

Vorwort

Auf Usedom kokettiert man gern damit, in manchen Punkten »nur« die Nummer zwei zu sein. Die zweitgrößte Insel Deutschlands, der Ort mit den zweithäufigsten Sonnentagen. Doch in einem Punkt ist Usedom unbestritten einzigartig und an der Spitze. Es gibt kein anderes deutsches Eiland, das gleichzeitig am Meer und in einem Strom liegt, gleichermaßen eine Insel am Haff und in einem Flussdelta bildet.

Diese Vielfalt an Küsten und Lebensräumen hat dazu geführt, dass auf Usedom fast jeder nach seiner Fasson selig werden kann. Wer traditionellen Strandurlaub mag, wird hier genauso fündig wie all diejenigen, die während der Ferien so wenig wie möglich von anderen Touristen behelligt werden möchten. Und auch wer ganz individuell leben oder urlauben will, hat gute Aussichten, sein persönliches Paradies zu entdecken.

Falls dieses Versprechen zu vollmundig klingen sollte, fangen Sie am besten einfach mit dem Blättern und Lesen an. Die Wahrscheinlichkeit, dass Sie einen Ort finden, der zu Ihren Träumen und Wünschen passt, ist groß. Sehr groß sogar.

Hinweise zum Gebrauch

Unter jedem Ort steht die Adresse und, wenn vorhanden, eine Webseite. Telefonnummern sind nur in Ausnahmefällen aufgelistet, weil die sich schnell ändern und in der Regel auf den Webseiten aktueller sind. Was den ÖPNV betrifft, sind Bahnhöfe oder Bushaltestellen angegeben, je nachdem, was näher liegt. Züge fahren im Stundentakt, Buslinien sind oft großzügiger getaktet. Generell kommt man schneller an die Küste als ins Landesinnere. Fahrpläne für Bus und Bahn können auf der Webseite www.ubb-online.com als PDF heruntergeladen werden.

Die Verkehrszeiten der Seereederei Adler können unter https://www.adler-schiffe.de/service/fahrplanbestellung/fahrplan-usedom.pdf heruntergeladen werden.

Circa 60 Kilometer lang und an den dicksten Stellen halb so breit, ist die Insel ein Radlerparadies. Radwege sind gut ausgeschildert, die »Wander- und Radwanderkarte Usedom« (Maßstab 1:50.000) gibt einen guten Überblick und ist an Tankstellen und anderswo erhältlich. Es existieren verschiedene Mietradanbieter, darüber hinaus werden Räder von Hotels verliehen.

Wer die Herausforderung liebt, kann die Reise nach Usedom auch komplett auf dem Drahtesel absolvieren. Unter https://www.berlin-usedom-radweginfo.de finden sich nähere Informationen.

Die Bundesstraßen 109, 110 und 111 bilden einen Ring, der Usedom und das gegenüberliegende Festland verbindet. Für jedes Kapitel ist der nächstgelegene Punkt auf diesem »Ring« verzeichnet. Von hier aus ist der Weg zu touristischen Zielen in der Regel ausgeschildert. Am günstigsten tankt man auf der Insel bei OIL! (Heringsdorf) und jenseits der polnischen Grenze. Parken ist in den Zentren kostenpflichtig. Kurzparkzonen sind so gut wie immer belegt.

Die Auto-Navis sind abseits der großen Straßen wenig hilfreich, vor allem die Höchstgeschwindigkeitsangaben sind oft Quatsch. Nach den Erfahrungen des Verfassers ist die iPhone-App zuverlässiger, was den Weg betrifft, Google Maps hingegen präziser, wenn es um das Ziel geht. Nicht zuletzt dank der Codes, die in das Suchfenster von Google Maps eingegeben werden können. Den passenden Google-Map-Code für einen Ort finden Sie am Ende des Kapitels. Wer dem Datenkraken misstraut, sollte die App nach Beendigung der Reise löschen.

111 Orte

1 Die Straußenfarm

Zu Gast beim schnellsten Vogel der Welt

Die schlechte Nachricht zuerst: Wenn Sie in Ahlbeck plötzlich vor einer Straußenfarm stehen, dann sind Sie *nicht* auf Usedom. 17375 Ahlbeck liegt – im Unterschied zu dem mit der Postleitzahl 17419 – auf der anderen Seite des Haffs. Das südliche Ahlbeck ist ein lauschiges Dörfchen mit reetgedeckten Dächern. Es soll tatsächlich vorkommen, dass Besucher im falschen Ahlbeck aufschlagen und fragen, wo sich die Seebrücke befindet (gibt keine) oder wo die Kurtaxe bezahlt werden muss (gibt ebenfalls keine). Um wenigstens ein bisschen Profit aus der Namensgleichheit zu ziehen, hat man so etwas wie eine Werbekampagne ins Leben gerufen, die für das »Sandbad« Ahlbeck wirbt.

Und es ist ja nicht so, dass es hier keine Sehenswürdigkeiten geben würde. Es gibt die Straußenfarm, die tatsächlich einen Besuch wert ist. Am Anfang stand ein Straußenhahn namens Franz Josef, mittlerweile gibt es drei, die eine Herde von neun Hennen um sich scharen, darüber hinaus saisonal jede Menge Nachwuchs.

Wie überall war auch hier die Coronazeit nicht einfach. Man behalf sich zeitweise damit, aus den Straußeneiern Eierlikör zu zaubern. Daneben gibt es Probleme, wie sie viele Nutztierhalter haben. Raubtiere dringen immer wieder mal ins Gehege ein. Der Strauß ist zwar der schnellste Laufvogel, aber in Gefangenschaft nicht wirklich darauf eingestellt zu flüchten. Einmal wurde ein Vogel regelrecht ausgeweidet. Der erste Verdacht fiel auf einen Wolf, der seit einiger Zeit in der Gegend wieder heimisch ist. Aber der Gedanke war dann doch zu beunruhigend, also einigte man sich darauf, dass der Übeltäter ein Fuchs gewesen sein muss – war ja klar.

Zum Abschluss noch eine gute Nachricht für alle, die nun tatsächlich das »falsche« Ahlbeck angesteuert haben und nicht wissen, was sie nach dem Besuch der Farm machen sollen: Vom nahe gelegenen Ueckermünde gibt es eine Schiffsverbindung nach Kamminke (siehe Ort 33). Und das liegt definitiv auf der Insel Usedom.

Adresse Dorfstraße 18c, 17375 Ahlbeck, www.straussenfarm-ahlbeck.de, Google-Map-Code M5FQ+XX Ahlbeck | ÖPNV Busverbindung von Eggesin nach Ahlbeck | Anfahrt B 109, Abzweig Richtung Torgelow | Öffnungszeiten Mo–Fr 10–17 Uhr | Tipp Im Farmladen kann alles erworben werden, was der Strauß hergibt – etwa Salami oder bemalte Straußeneier. Es gibt aber auch Eis.

2 Die Bäckerei Blunck

Unser tägliches Brot gib uns heute

Ahlbeck am Sonntag. Noch recht früh am Morgen. Die meisten Straßen verschlafen und leer. So auch die Schulzenstraße. Doch ein kleines Geschäft an der Ecke Strandstraße hat bereits geöffnet. Nach und nach strömen aus allen vier Himmelsrichtungen Menschen herbei. Einzeln, in Gruppen, ganze Familien, manche mit Hund. Es sind keine Massen, der Laden ist auch nicht groß, aber das Brot, die Brötchen und der Kuchen müssen schon sehr gut sein, wenn Leute in aller Herrgottsfrühe aus den Federn steigen und hierherstreben. Zudem sieht es unter der Woche nicht viel anders aus.

Die Bäckerei Blunck ist die beste in Ahlbeck. Dieser Superlativ ist unbestritten, denn außer Blunckens gibt es keine andere »richtige« Bäckerei mehr im Ort, das restliche Dutzend gehört zu den üblichen Ketten.

Seit 1898 wird hier gebacken. Mittlerweile führt die fünfte Generation den Familienbetrieb. Zur Zeit ist Thomas Wucke der Boss, in den vier Jahrzehnten davor lagen die Geschicke des Unternehmens in den Händen seiner Großmutter. Die Schicht beginnt jeden Tag eine Stunde nach Mitternacht. Es geht auch deshalb so früh los, weil der Sauerteig noch selbst angerührt wird. An die 20 Brötchensorten sind im Angebot, dazu natürlich Kuchen und Torten. Fünf Leute halten den Laden am Laufen. Sie haben viel zu tun, denn außer dem eigenen Geschäft werden auch noch Dutzende Hotels auf der Insel beliefert.

Wer will, kann auch direkt vor Ort Kaffee trinken und Kuchen essen. Dabei fällt die Einrichtung ins Auge. Im Verkaufsraum wurden Regale und Tresen aus alten Läden vor dem Verfall gerettet, in dem kleinen Gastraum vermitteln Spiegel, Glitzerkram und Nippes den Eindruck eines Besuchs bei Oma. Die Atmosphäre in der Bäckerei Blunck weckt Sehnsüchte nach der guten alten Zeit, die vermutlich nie so gut war wie in der Erinnerung. Aber es ist schön, dass es die Bäckerei Blunck heute noch gibt.

Adresse Schulzenstraße 21, 17419 Heringsdorf-Ahlbeck, Google-Map-Code W5QV+C8 Heringsdorf | **ÖPNV** Bus 290, Haltestelle Strandstraße | **Anfahrt** B 110 Zirchow, Abzweig Richtung Korswandt | **Öffnungszeiten** Mo–Sa 5–18 Uhr, So 7–18 Uhr | **Tipp** Nicht so mythenumrankt, aber für den Alltag nicht unwichtig: Der Netto in der Lindenstraße 8 ist ein Supermarkt, der auch sonntags geöffnet hat (12–18 Uhr).

3 Die Ferdinand-Egelinski-Straße

Seid fruchtbar und mehret euch …

Fragt man in Ahlbeck Touristen, ob sie wissen, wo sich die Ferdinand-Egelinski-Straße befindet, dann antworten viele mit »Ja!«. Den Namen hätten sie sich gemerkt – »weil der so lustig klingt« – und sie hätten sich schon gefragt, wer das wohl war.

Die Ferdinand-Egelinski-Straße ist alles andere als eine Magistrale. Es handelt sich dabei um eine kleine Straße am Sportplatz, die bis in die 1990er Jahre namenlos war. Unter dem Straßenschild klemmt eine Infotafel, auf der steht: »Vater von 33 Kindern. Dafür 1913 vom Kaiser geehrt.« Was die Vermutung aufkommen lässt, dass Touristen zwar Straßennamen zur Kenntnis nehmen, aber darunter klebende Infotafeln in der Regel ignorieren.

Das Schildchen sagt im Wesentlichen die Wahrheit. Ferdinand Egelinski war ein Schneidermeister aus Ahlbeck. Zu seiner Zeit galt er als kinderreichster Vater der Welt, was dem Kaiser Anlass war, ihn bei einem seiner Besuche auf der Insel auszuzeichnen. Wilhelm II. kam in den Jahrzehnten vor und nach der Jahrhundertwende regelmäßig nach Usedom, und wenn sich die Gelegenheit bot, etwas einzuweihen oder zu ehren, gab er der Versuchung meist nach.

Witzigerweise wird in der Heimatstube im Rathaus erklärt, dass Egelinski »nur« 32 Nachkommen gezeugt habe. Was ein Indiz dafür sein könnte, dass die ganze Angelegenheit nicht so bierernst genommen wird und die Schnapszahl einfach passender klingt. Egelinski zeugte seine Kinder mit zwei Frauen. Über die weiß man nichts. Ebenso wenig über die Nachkommen. Vor zehn Jahren machte sich der Heimatschriftsteller Helmut Graumann auf die Suche nach den Kindeskindern, er ließ sogar eine Telefonnummer in der Zeitung veröffentlichen. Aber ob dabei etwas herauskam, ist nicht bekannt. Die Rufnummer ist nicht mehr erreichbar.

Adresse 17419 Heringsdorf-Ahlbeck, Google-Map-Code W5MW+X5 Heringsdorf | ÖPNV Bus 290, 291, Haltestelle Ahlbeck Supermarkt | Anfahrt B 110 Zirchow, Abzweig Richtung Korswandt | Tipp Die Heimatstube im Rathaus (Kurparkstraße 4) bietet noch mehr Informationen zur Stadtgeschichte.

4 Die historische Uhr

Die gute alte Zeit

Die Uhr an der Seebrücke in Ahlbeck wurde 1911 aufgestellt. Verziert ist sie mit »Girlanden-Ornamentik« – das klingt etwas sperrig, doch versteht man sofort, was damit gemeint ist, wenn man die Uhr sieht. Kunsthistorisch gehört sie in die Epoche des Jugendstils, die um 1890 begann und kurz nach der Aufstellung des Zeitmessers zu Ende ging.

Die Uhr ist über fünf Meter hoch und hat an der Spitze einen Windrichtungsanzeiger, der von vielen Besuchern vermutlich genauso wahrgenommen wird wie das Infotäfelchen unter dem Straßennamen in der Ferdinand-Egelinski-Straße. Seit 1990 wird die Uhr funk-elektronisch gesteuert, davor musste sie von Hand aufgezogen werden. Das war einmal pro Woche notwendig. Klingt nach einem Traumjob, aber möglicherweise war das Uhr-an-der-Seebrücke-Aufziehen keine Vollzeitstelle.

Die Uhr an der Seebrücke gilt als beliebter Treffpunkt für Verabredungen, aber da Ahlbeck seit 2006 verwaltungstechnisch zu Heringsdorf gehört, gibt es immer wieder Irrläufer, die sie an der Seebrücke von Heringsdorf vermuten.

Gebaut wurde die Uhr von der 1824 gegründeten Berliner Firma Rochlitz. Die existiert unter leicht verändertem Namen heute noch. Ihre Werkstätten stehen an der Ringbahnstraße, und mittlerweile kümmert man sich dort auch um Turmuhren. Gestiftet wurde die Uhr von Maria Grunack, einer Besucherin aus Berlin. So steht es seit Jahren in Usedom-Reiseführern, mehr oder minder unverändert. Einzig die Antwort auf die Frage, ob Maria Kur- oder Badegast war, wird variiert. Weiß man wirklich nichts weiter über sie? Doch: Maria Grunack wurde 1867 in Widrinnen in Masuren geboren. Sie brachte einen Sohn zur Welt, der zum Zeitpunkt ihres Besuchs etwa 20 Jahre alt war. Dass der Name Grunack damals in Berlin einen bedeutsamen Klang hatte, lässt sich auch daran ablesen, dass es im Berliner Bezirk Tempelhof einen Grunackpark gibt.

Adresse Dünenstraße 45, 17419 Heringsdorf-Ahlbeck, Google-Map-Code W5RR+W5 Heringsdorf | **ÖPNV** Bus 291, Haltestelle Kaiserstraße | **Anfahrt** B 110 Zirchow, Abzweig Richtung Korswandt | **Tipp** Das in Sichtweite liegende Terrassencafé Lau eignet sich hervorragend zum Frühstücken und Leute-Gucken.

5 Die Kunsthalle

Nicht auf ausgefahrenen Gleisen

Wenn kein Zug kommt, können die Bahnhöfe der Usedomer Bäderbahn eine recht trostlose Angelegenheit sein. Wie ein Schild im leeren Schalterfenster erklärt, werden die Fahrkarten im Zug verkauft. Die Bänke auf den Bahnsteigen bleiben leer. Doch zumindest im Bahnhof von Ahlbeck herrscht Leben. Hier war früher mal die Spielbank Heringsdorf untergebracht, seit 2016 gibt es die Kunsthalle, die zugleich auch den Namen BuchKunst trägt.

Bevor diese Bezeichnungen etwas genauer erklärt werden, eine Bemerkung zum Ortswirrwarr: Spielbank Heringsdorf in Ahlbeck? Wie geht das denn? Also: Es gibt die Gemeinde Heringsdorf, zu der unter anderem Ahlbeck, Bansin und das eigentliche Heringsdorf gehören. Gefühlt gehört die Hälfte Usedoms zur Gemeinde Heringsdorf, den Rest machen Rankwitz und ein paar vereinzelte Zusätze aus. Würden wir uns nach den Gemeinden richten, würde unsere Liste schnell monoton. Deshalb ist als Ort immer der genaue Ortsteil angegeben.

Zurück zur Kunsthalle beziehungsweise zu KunstBuch. Leichtfertig könnte man angesichts der Lage sagen: Dieser Ort ist so, wie Bahnhofsbuchhandlungen sein sollten. Aber die Kunsthalle ist keine Buchhandlung. Obwohl es hier auch Bücher gibt. Aber die sind größtenteils antiquarisch, oft mit Entdeckungen und einer Geschichte verbunden.

Darüber hinaus ist die Kunsthalle eine Galerie. Und nicht nur irgendeine. Sie ist täglich geöffnet, und der Eintritt ist frei. Pro Jahr werden mindestens sieben Ausstellungen organisiert, die dann für Kunstinteressierte und solche, die es werden wollen, zu einem Ereignis werden, bei dem man Gleichgesinnte treffen und sich austauschen kann. Dabei werden große Namen – Günter Grass beispielsweise – präsentiert, aber Hausherr Horst Herkener wagt auch den Blick über den Tellerrand und stellt zudem immer wieder polnische Künstler aus dem jenseits der Grenze liegenden Swinemünde vor.

Adresse Bahnhof 1, 14719 Heringsdorf-Ahlbeck, www.buchkunst-usedom.de, Google-Map-Code W5PQ+76 Heringsdorf | **ÖPNV** RB 23, Haltestelle Seebad Ahlbeck | **Anfahrt** B 110 Zirchow, Abzweig Richtung Korswandt | **Öffnungszeiten** täglich 11–18 Uhr | **Tipp** Im ehemaligen Haus des Schriftstellers Hans Werner Richter in Bansin (Seestraße 68) kann man heute Bücher kaufen. In allen Ostseebädern auf der Insel findet man gut sortierte Strand- und Buchhandlungen mit einem breiten Sortiment.

6 Die Seebrücke

Die erste und die schönste

Seebrücken sind so etwas wie die Wahrzeichen von Usedom. Und der Trend begann in Ahlbeck. Ahlbeck war der erste Ort, der sich eine Seebrücke zulegte, und als die anderen sahen, wie sehr eine solche Konstruktion schmückt, wollten sie auch eine haben. Der Grund dafür, dass es auf Usedom so viele Seebrücken gibt, ist simpel: Die Ostseeküste der Insel ist für einen Hafen zu flach. Dort, wo heute Ahlbeck liegt, floss früher die Beek, ein Abfluss vom Gothensee zur Ostsee. Das Bächlein existiert heute noch, allerdings versickert es nun, bevor es das Meer erreicht.

Mit dem Bau der Seebrücke von Ahlbeck wurde 1882 begonnen. Anfangs war sie nicht mehr als ein Steg, später kamen die Anbauten dazu und erst 1935 ein festes Dach. In den 1940er Jahren ramponierte schwerer Eisgang das Bauwerk. Der Unterbau wurde in den 1980er Jahren verstärkt, um das Äußere konnte man sich erst in den 1990er Jahren kümmern. Jetzt erstrahlt sie wieder in voller Schönheit.

Dass die Seebrücke nach der Wiedervereinigung deutschlandweit in den Fokus rückte, verdankt sie Loriot – mit bürgerlichem Namen Vicco von Bülow –, der für seinen Film »Pappa ante portas« hier einige Szenen drehte. Loriots Entscheidung für diesen Ort war kein Publicity-Stunt. Schon bei »Ödipussi«, seinem ersten Kinofilm, ging der Edelkomiker an Grenzen und darüber hinaus. Die Premiere dieses Films fand 1988 übrigens am selben Tag in Ost- und in West-Berlin statt.

Die Verbindung der von Bülows mit Usedom reicht bis ins 19. Jahrhundert zurück. 1817 kaufte Georg Bernhard von Bülow für 45.000 Taler das Rittergut Gothen und das angrenzende Adelig Ahlbeck. 1825 wurden die ersten Gästequartiere errichtet, und schon bald trudelten Urlauber ein. Die ersten Sommerfrischler sollen zwei Töchter eines Gutsbesitzers nebst Gouvernante gewesen sein. Heute gilt Georg Bernhard von Bülow als der eigentliche Gründer von Heringsdorf.

Adresse Dünenstraße 37, 17419 Heringsdorf-Ahlbeck, www.seebruecke-ahlbeck.de, Google-Map-Code W5VR+7J Heringsdorf | ÖPNV Bus 291, Haltestelle Kaiserstraße | Anfahrt B 110 Zirchow, Abzweig Richtung Korswandt | Tipp Um Georg Bernhard von Bülow zu ehren, gibt es seit einigen Jahren einen Gedenkstein hinter der Kirche am Walde (Google Map Code: X546+QP Heringsdorf).

7 Die Cosun-Zuckerfabrik

Kein Zuckerschlecken

Dass auf der Urlaubsinsel Usedom sowie um sie herum auch gearbeitet wird, merken Touristen spätestens, wenn sich hinter einem Trecker, der mit einem Hänger voller Zuckerrüben zur Zuckerfabrik zuckelt, der Verkehr staut. Wenn im Herbst die Zuckerrüben geerntet werden, berichten lokale TV-Sender und die Presse über die »Zuckerrübenkampagne«, das Prozedere wiederholt sich, wenn im Frühjahr die »Dicksaftkampagne« ansteht. Nun heißt das Wort »Kampagne« ja eigentlich »Feldzug«. Die Vorstellung, dass der Widerstand der Zuckerrübe erst mit brachialer Gewalt gebrochen werden muss, ist natürlich Quatsch, aber Tatsache ist: Das Ernten, Einfahren und Verarbeiten der Rüben ist kein Zuckerschlecken, und die zunehmend launischen Witterungsbedingungen machen es nicht leichter. Zuckerrüben sind in Sachen Boden sehr anspruchsvoll und verlangen außerdem bis zur Ernte fortlaufende Betreuung.

In Anklam werden seit 1883 Zuckerrüben verarbeitet. Die alte Fabrik wurde im Zweiten Weltkrieg zerstört, zu DDR-Zeiten machte man als »Weißzuckerfabrik« weiter. 1991 kaufte ein dänisches Unternehmen den Betrieb, seit 2009 befindet sich die Zuckerfabrik im Besitz der holländischen Cosun Beet Company. Die hieß früher Suikerunie. In seiner Heimat verarbeitet das Unternehmen nicht nur Zucker, sondern auch Kartoffeln, so gehört zum Beispiel die Pommes-Marke Aviko zum Portfolio des Hauses. Die holländische Mutter ist jünger als die deutsche Tochter, aber dafür darf sie sich seit ihrem 100. Geburtstag »königlich« nennen.

Die Anlagen der Zuckerfabrik wurden nach der Übernahme gründlich modernisiert, sodass sie selbst eine Art Sehenswürdigkeit darstellen, nicht zuletzt wegen der futuristischen Zuckerrübe in der Werkseinfahrt. Und da das Unternehmen an Transparenz und Nachwuchsgewinnung interessiert ist, gibt es immer mal wieder Führungen und Tage der offenen Tür. Motto: »Meet a Beet.«

Adresse Bluthsluster Straße 24, 17389 Anklam, www.cosunbeetcompany.de, Google-Map-Code VP35+QM Anklam | ÖPNV RE 3, Haltestelle Bahnhof Anklam | Anfahrt B 109 Anklam | Tipp Der Greifenbrunnen (Markt 6) wurde nicht etwa erschaffen, um Greifswald zu ärgern, sondern weil der Greif das Wappentier Pommerns ist.

8 Die Flusslandschaft

Hier ist das Leben ein langer, ruhiger Fluss

Was ist besser als ein Haus am Wasser? Ein Haus *auf* dem Wasser. Das sagten sich wohl Antje und Carsten Enke, als sie vor gut 20 Jahren auf dem Gelände einer alten Werft in Anklam ihr Unternehmen »Abenteuer Flusslandschaft« gründeten. Mittlerweile werden hier wieder Boote gebaut, und zwar die vom Chef selbst entworfenen Hausboote. Außerdem gibt es ein Café. Alles strahlt einen Hauch skandinavischer Naturverbundenheit aus – viel Holz, viel Grün und heitere Farben –, was durchaus beabsichtigt ist.

Das Revier der Hausbootkapitäne ist die Peene, ein Fluss, der in der Mecklenburgischen Seenplatte entspringt, bei Anklam zum Peenestrom wird und weiter nördlich Richtung Wolgast und Ostsee strömt. Wer bei Wikipedia nachschaut, findet heraus, dass die Peene der achtgrößte deutsche Küstenstrom ist. Ein Fakt, der für potenzielle Kandidaten bei Günter Jauch von Interesse sein könnte, aber in dem Moment schnurzegal wird, in dem man sich in einem Hausboot auf sie begibt. Die Boote sind flüsterleise und entführen in eine Welt der Stille und Besinnlichkeit. Im Peenetal fließt der Strom gelassen zum Meer, wobei er breite schilfgrüne Auen durchschneidet.

Das ist nicht nur eine Landschaft, deren Anblick dem menschlichen Auge wohltut, auch die Tierwelt fühlt sich hier wohl. Wo es so viel Wasser und Holz gibt, gibt es natürlich Fischotter, Biber und ihre Burgen, vor allem jedoch tummeln sich hier jede Menge Vögel, zum Beispiel Kraniche, Reiher und Seeadler. Wenn man bedenkt, dass Letztere normalerweise eine Fluchtdistanz von 300 Metern haben, weiß man zu schätzen, dass diese scheuen Tiere hier mit etwas Glück aus viel geringerer Entfernung beobachtet werden können.

Jeder, der sich nach Usedom begibt, überquert die Peene an irgendeiner Stelle. Doch wie man hier sieht, ist selbst der Strom, der die Insel vom Festland trennt, eine Reise wert.

Adresse Werftstraße 6, 17389 Anklam, www.abenteuer-flusslandschaft.de | **ÖPNV** RE 3, Haltestelle Bahnhof Anklam | **Anfahrt** B 110 Anklam | **Tipp** Die Hausboote sind führerscheinfrei, können also von allen bedient werden. Wer es trotzdem eine Nummer kleiner mag: Ausflüge ins Peenetal sind auch mit Kajak und Kanadier möglich.

9 Das Otto-Lilienthal-Museum

Die Lilien auf dem Flugfelde

Otto Lilienthal war eine Kombination aus Erfinder und Unternehmer, wie es im Deutschen Reich um die vorletzte Jahrhundertwende einige gab. Er entwickelte Kessel und Motoren, den finanziell größten Erfolg hatte er mit den Anker-Baukästen, einer Art Ur-Lego, das 1878 auf den Markt kam. Nachdem er das Patent für seine Erfindung verkauft hatte, war er wohlhabend genug, sich seiner wahren Leidenschaft zu widmen: dem Fliegen.

Erste Versuche hatte er schon 1867 zusammen mit seinem Bruder Gustav unternommen. Um besser zu verstehen, wie man fliegen kann, studierte er den Flug der Vögel. Seine Schrift »Der Vogelflug als Grundlage der Fliegekunst« ebnete den Weg für Flugapparate, die – im Unterschied zu Zeppelins – schwerer waren als Luft. Seine Idee von wedelnden, wackelnden Tragflächen war ein Irrweg, aber die Beobachtung, dass Vögel immer gegen den Wind starten, war bahnbrechend für die weitere Entwicklung des Flugwesens. 1891 baute er seinen Normalsegelapparat, mit dem er knapp ein Jahrzehnt lang Flugversuche unternahm, bis er am 9. August 1896 in eine Böe geriet, abstürzte und starb. Seine legendären letzten Worte – »Opfer müssen gebracht werden« – werden seitdem als Beispiel für Hingabe und Schicksalsergebenheit immer wieder zitiert.

1988 erhielt Tegel, der Berliner Flughafen der Herzen, den Namen »Otto Lilienthal«. Das Heimatmuseum Anklam widmete ihm schon seit 1927 eine Abteilung, ein eigenes Lilienthal-Museum wurde seit den 1980er Jahren vorbereitet. 1991 – zum 100. Jahrestag seines ersten Gleitflugs – wurde es endlich eröffnet. Natürlich geht es hier viel um Lilienthals Flugobjekte und -versuche, aber auch seine Erfindungen und Konstruktionen sind zu sehen. Darüber hinaus wird Lilienthal als sozial verantwortungsvoller Unternehmer gewürdigt, der seinen Mitarbeitern als einer der Ersten eine Gewinnbeteiligung einräumte.

Adresse Ellbogenstraße 1, 17389 Anklam, www.lilienthal-museum.de, Google-Map-Code VP33+FQ Anklam | ÖPNV RE 3, Haltestelle Bahnhof Anklam | Anfahrt B 109 Anklam, ins Zentrum | Öffnungszeiten Mai–Okt. Di–Fr 10–17 Uhr, Sa, So und Feiertage 13–17 Uhr, Nov.–April Mi–Fr 11–15.30 Uhr, So und Feiertage 13–15.30 Uhr | Tipp Im Ikareum in der Nikolaikirche (Nikolaikirchstraße 7) gibt es weitere Objekte zu besichtigen, und man kann dort auch Experimente machen.

10 Das Krümelsnacks

Wo der Bernstein Heimat findet

Die Promenade an der Seebrücke in Bansin ist auch eine kleine Shoppingmeile. Zu den Büdchen gehört Krümelsnacks, wo man – wie der Name schon andeutet – krümeln und snacken kann. Das Angebot – besonders die Crêpes – ist gut, aber das allein wäre noch kein Grund, diesen Ort zu würdigen. Doch seit einiger Zeit gibt es hier nicht nur was zu futtern, sondern auch Bernstein in (fast) allen möglichen Formen und Farben.

Auslöser für die Sortimentsänderung war auch hier die Coronapandemie. Ohne Urlauber und Besucher gab es auf der Promenade wenig zu handeln und zu verkaufen. Da die Eigner Franziska und Stefan Laue jedoch gern am Strand sind, verbrachten sie viel Zeit am Meer. Auf ihren Spaziergängen stießen sie immer wieder auf Bernstein. Bald war ihr Jagdinstinkt geweckt. Schnell wurden die Funde zahlreicher, und auch das Know-how wuchs.

Nüchtern betrachtet ist Bernstein nichts anderes als das gepresste Harz der subtropischen Bäume, die von den Gletschern der Eiszeit plattgemacht wurden. Aber wer betrachtet Bernstein schon völlig wertfrei? Abgesehen von der Freude am Finden, an Farben und Formen geht es ab einer gewissen Größe auch um materielle Werte. Vor allem, wenn sich in dem Bernstein ein Einschluss – etwa ein Insekt – befindet.

Fast jeder hat irgendeinen Tipp für die Bernsteinsuche parat. Am besten am Morgen suchen, noch besser nach einem Sturm. Richtigen Bernstein erkennt man unter anderem daran, dass er im Salzwasser schwimmt und sich, wenn man ihn reibt, elektrostatisch auflädt. Immer wieder wird davor gewarnt, den Bernstein nicht mit Phosphor zu verwechseln, der aus alten Munitionsresten besteht. Solche Verwechslungen wirken wie ein mittelschwerer Sonnenbrand, kommen wohl ein- oder zweimal pro Jahr tatsächlich vor. Worauf »Experten« gern was von Dunkelziffer murmeln. Halten Sie sich besser an richtige Experten – wie die Leute vom Krümelsnacks.

Adresse Strandpromenade 30, 17429 Heringsdorf-Bansin, Google-Map-Code W5RQ+57 Heringsdorf | **ÖPNV** Bus 289, 291, Haltestelle Bansin Seebrücke | **Anfahrt** B 111 Bansin | **Öffnungszeiten** bei Sonnenschein; Anfragen unter Tel. 0173/4155794 oder per E-Mail an langefranzk@web.de | **Tipp** Im Bern-Stein-Reich in Zinnowitz (Zu den Weiden 2) werden die Steine auch bearbeitet.

11 Der Kur- und Heilwald

Im Wald und auf der Heide, da such ich meine Freude

Die Idee des Waldbadens stammt ursprünglich aus Japan. Nachdem festgestellt worden war, dass Waldluft das Immunsystem stärkt, wurde das »Shirin Yoku« entwickelt, was nichts anderes als »Waldbaden« heißt und im Kern bedeutet, den Alltag draußen zu lassen und sich dem Wald mit all seinen Sinnen zu öffnen.

Das ist nicht so einfach, wie es klingt. Im Alltag, beim Leben in der Stadt vor allem, schotten wir uns gewöhnlich ab, im Wald jedoch stört uns niemand, hier können wir uns öffnen. Das geht mit dem bewussten Atmen los. Dann folgt das Tasten. Baumrinde, ein Blatt, Moos, alles, was sich in einem Wald anfassen lässt, kann eine neue Erfahrung darstellen. Und das gilt nicht nur für die Hände. Barfußlaufen im Wald ist im wahrsten Sinne des Wortes eine sensationelle Angelegenheit.

Im Kur- und Heilwald der Kaiserbäder legt man Wert auf die Tatsache, dass man sich schon sehr lange der heilenden Wirkung des Waldes bewusst ist. Der Kur- und Heilwald im Heringsdorfer Küstenwald existiert offiziell seit November 2016, damit war er der erste in Europa. Die Idee, hier einen Kur- und Heilwald einzurichten, lag nahe, denn es gibt auf Usedom insgesamt über 5.000 Hektar Wald. Davon wurden 187 fürs Kuren und Heilen reserviert. Nun kann man darin einfach nur herumlaufen und hoffen, dass die »Grüne Apotheke« mit ihren Rezepten so viel Alltagsverwerfungen wie möglich wieder einrenkt, aber das könnte ein »normaler« Wald ja auch. Ein Kur- und Heilwald muss mehr bieten. Also werden hier Wald-Yoga und Therapie-Konzerte veranstaltet, und es wurden ein Motorikpfad, ein Platz der Stille und auch eine Liebesbank eingerichtet. Was man dort tut, wird auf der Heilwaldkarte allerdings nicht verraten.

Und natürlich wurde für den Kur- und Heilwald auch eine App entwickelt. Die wird schon ihre Berechtigung haben – aber ob der fortwährende Blick aufs Mobiltelefon tatsächlich beim Abschalten hilft?

Adresse Bansiner Landweg 1, 17429 Heringsdorf-Bansin, www.heilwald-heringsdorf.de, Google-Map-Code X536+3M Heringsdorf | ÖPNV Bus 281, 285, 286, Haltestelle Schule Heringsdorf | Anfahrt B 111 Bansin | Öffnungszeiten Führungen und Veranstaltungen siehe Webseite | Tipp Der Präsidentenberg im Kur- und Heilwald war früher Standort einer Ausflugsgaststätte. Inzwischen ist er wieder ein Wald.

12 Die Seebrücke

Back to the Seebrücken-Basics

Ahlbeck, Bansin und Heringsdorf vermarkten sich als Kaiserbäder. Das ist aus mehreren Gründen eine gute Idee. Erstens erinnert der Name an die glanzvollen Zeiten von vor 100 Jahren, und zweitens lässt er die Konkurrenz weiter nördlich auf der Insel ganz schön alt aussehen. Denn wie soll man einen Namen wie »Kaiserbäder« toppen? Mit »Königsbäder« würde man quasi anerkennen, dass man nicht in der ersten Liga spielt. »Imperatorenbäder«, »Cäsarenbäder« oder gar »Zarenbäder« klingt zu protzig. Schließlich entschied man sich für »Bernsteinbäder«, wodurch man einem direkten Vergleich aus dem Weg ging und auch frohgemut Seebrücken bauen konnte.

Über Koserow und Zinnowitz wird andernorts in diesem Buch berichtet, hier geht es um Bansin. Die Seebrücke dieses Kaiserbades ist eine äußerst sachliche Angelegenheit. Sie ist nicht viel mehr als ein breiter Steg, der schnurstracks ins Meer führt, die anderswo üblichen Anbauten und Pontons fehlen. Im Vergleich mit Ahlbeck und Heringsdorf fällt die Bansiner Brücke jedoch ganz schön ab. Das hat natürlich auch damit zu tun, dass Bansin ein Nachzügler ist. Das Seebad wurde erst 1897 gegründet, die erste Seebrücke gab es dort 1901.

Hingucker sind da eher die himmelblauen Bäderkarren, die zwischen der Seebrücke und der alten Konzertmuschel auf der Promenade stehen. Sie waren bis 1923 in Verwendung, denn damals mussten sich Badelustige erstens vermummen und zweitens in den Karren weit in die Ostsee ziehen lassen, bevor sie sich in die Fluten stürzen durften.

Doch 1923 war damit Schluss. Bansin erhielt – und hier war man deutschlandweit Trendsetter – die Freibade-Erlaubnis, das heißt, Urlauber durften – immer noch züchtig bekleidet – direkt vom Hotel oder der Pension an den Strand und dann ins Wasser. 100 Jahre später verankern deutsche Freibäder das Recht auf »oben ohne« in ihren Badeordnungen. So ändern sich die Zeiten.

Adresse Seebrücke, 17429 Heringsdorf-Bansin, www.bansin.m-vp.de/seebruecke-bansin, Google-Map-Code X4GW+GH Heringsdorf | ÖPNV Bus 283, 291, Haltestelle Bansin Seebrücke | Anfahrt B 111 Bansin | Tipp Der Musikpavillon neben dem Hauptstrandzugang sieht im Unterschied zu manch anderen Bühnen an der Promenade noch genauso aus wie früher.

13 Der Usedomer Landjunge

Futtern wie bei Muttern (oder bei Oma)

Auf der Promenade von Bansin gibt es viel zu sehen: schöne Architektur, Meerblick und so weiter. Aber einige Attraktionen sind auch aus Fleisch und Blut. Zu ihnen gehört Frank Sohn, der in der Nachbarschaft der Hotels seinen Verkaufsstand aufgeschlagen hat, auf dem groß die Aufschrift »Usedomer Landjunge« prangt.

Frank Sohn züchtet Rinder, aber auch Gemüse, alles streng ökologisch. Und darüber hinaus bringt er seine Produkte auch noch persönlich an die Kundschaft. Sein Slogan lautet: Wie früher bei Oma und Opa.

Dabei überzeugt er mit Charme, Kompetenz, Enthusiasmus und nicht zuletzt einem beträchtlichen Maß an Showtalent, was den Einkauf bei ihm zu einem unterhaltsamen Erlebnis macht. Und wenn potenzielle Kunden ihre Skepsis nicht völlig überwinden können, gibt es ja immer noch die begleitenden Vierbeiner. Die werden vom Usedomer Landjungen geradezu magnetisch angezogen. Denn Frank Sohn hat eine Spezialwurst kreiert, die beim bellenden Publikum so gut ankommt, dass viele Hunde ihre Hütte vermutlich am liebsten neben dem Verkaufsstand aufschlagen würden. Laut Frank Sohn wird das Produkt genauso verantwortungsvoll hergestellt wie die für Menschen bestimmte Ware – und ist auf jeden Fall besser als alles, was man eingeschweißt, chemisch behandelt und konserviert kauft. Die Hunde, die sich erst nach langer Zeit und mit viel Mühe von seinem Stand abbringen lassen, würden ihm da definitiv recht geben.

Es wird in letzter Zeit viel über die Transparenz der Lieferketten gesprochen, um sicherzustellen, dass die Verbraucher auch wirklich wissen, was sie kriegen. Dafür gibt es jede Menge Gesetze und Vorschriften. Beim Usedomer Bauernjungen liegt alles in einer Hand: Herstellung, Transport und Verkauf. Und es ist nicht verkehrt, sich ab und zu bewusst zu machen, wie viel Energie es kostet, all diese Jobs als Ein-Mann-Betrieb zu erledigen.

Adresse Strandpromenade 27, 17429 Heringsdorf-Bansin, Google-Map-Code X4FV+F6 Heringsdorf | **ÖPNV** Bus 283, 291, Haltestelle Strandpromenade | **Anfahrt** B 111 Bansin | **Öffnungszeiten** Mi–So 10–18 Uhr (kann nach Witterung und Saison variieren) | **Tipp** Der Hundestrand Bansin befindet sich in den Abschnitten 3M bis 3N.

14 Die Villa Heimdall

Nordisch by Nature

Als es vor gut 150 Jahren Mode wurde, an der Ostsee Urlaub zu machen, etablierte sich dabei auch die typische Bäderarchitektur. Alles fing in Heiligendamm an, einem Ort der weltbekannt wurde, als sich 2007 die acht Großen der Weltpolitik in einen Strandkorb drängten. Der war übrigens im Korbwerk in Heringsdorf (siehe Ort 29) gebaut worden.

Was in Heiligendamm begann, sah zuerst noch etwas klassizistischer aus, erinnerte mehr an Südstaaten-Landsitze als an Strandvillen. Die endgültige Ausformung der Bäderarchitektur lässt sich leicht studieren: einfach in Bansin startend die Promenade Richtung Ahlbeck runterlaufen. Dabei wird deutlich, dass es *die* Bäderarchitektur eigentlich nicht gibt. Es sollte jedoch alles hell und urlaubsmäßig wirken, Balkone und Veranden waren wichtig, außerdem natürlich Säulen und reich verzierte Fassaden. Denn am Ende kam es darauf an, dass die Besitzer etwas von ihren Interessen und Persönlichkeiten durchblicken lassen konnten. Jedes Haus sollte aussehen wie ein gutes Beispiel der Bäderarchitektur, aber auf keinen Fall genauso wie ein anderes. Auch viele Neubauten orientieren sich heute an dem Stil der alten Vorbilder.

Ein gutes Beispiel für das, was die Bäderarchitektur ausmacht, ist die Villa Heimdall in Bansin. Sie wurde 1897 vom Badearzt Dr. Richard Krause erbaut, damals war Bansin gerade im Entstehen. Da der Arzt nicht nur an der See weilte, um hier zu urlauben, war die Villa so konzipiert, dass auch die Familie, Gäste und Angestellte hier wohnen konnten. Die gestalterischen Anklänge an skandinavische Häuser sind keinesfalls Zufall: Dr. Krause war ein großer Norwegen-Fan, was nicht zuletzt im Namen deutlich wird. Heimdall ist ein Gott aus der nordischen Mythologie, über dessen Rang sich Experten streiten. Aber er hatte auf jeden Fall die Aufgabe, die anderen Götter zu beschützen und im Bedarfsfall mit seinem Gjallarhorn Alarm zu schlagen.

Adresse Strandpromenade 16, 17429 Heringsdorf-Bansin, www.bellvedere.de, Google-Map-Code X4CW+GJ Heringsdorf | **ÖPNV** Bus 291, Haltestelle Bansin Schloonsee | **Anfahrt** B 111 Bansin | **Öffnungszeiten** als Ferienwohnung zu mieten, ansonsten nur von außen zu besichtigen | **Tipp** In der Nähe der Villa befindet sich der Schloonsee, einer der vielen Binnenseen Usedoms, die gern übersehen werden. Zu Unrecht.

15 Die Holländermühle

Kein Kampf gegen Windmühlen

Auf Usedom gibt es noch zwei Windmühlen. Klar, mindestens eine sollte in diesem Buch auftauchen. Aber welche? In Pudagla befindet sich eine Bockwindmühle, in Benz eine Holländermühle. Eine Bockwindmühle ist aufgebockt und kann als Ganzes zum Wind gedreht werden, bei einer Holländerwindmühle dreht sich nur die Kuppel. Um beide Mühlen kümmern sich Vereine, die möglicherweise eine gemeinsame Vorgeschichte haben. Möglicherweise sind sie auch beide gleich interessant, aber bei der Holländermühle steht auf der Webseite statt E-Mail »i-Mehl«. Und weil Humor immer gut ist, konzentrieren wir uns auf die Holländermühle.

Die steht schon seit 1823 an ihrem Platz. Von 1837 bis 1937 war sie im Besitz der Müllerfamilie Jahnke. In dieser Zeit wurde sie fortlaufend umgebaut und modernisiert, weil sie ja noch keine Sehenswürdigkeit oder ein Relikt aus alten Zeiten war, sondern ein Ort, an dem gearbeitet wurde. Dennoch gab auch im prosaischen Mühlenalltag bereits kunstvolle Kontakte. Als Lyonel Feininger 1910 auf der Insel weilte, malte er die Holländermühle, und als die DEFA 1968 den Fontane-Roman »Effi Briest« verfilmte, war in der Duellszene auch die Holländermühle zu sehen.

Die Witwe des letzten Müllers verkaufte sie 1973 an den Maler Otto Niemeyer-Holstein, der die nötigen Mittel hatte, um sie zu restaurieren. Außerdem sorgte er dafür, dass die Mühle unter Denkmalschutz gestellt wurde. Als der Maler seinerseits das Zeitliche segnete, vermachte er sie der Gemeinde, die damit erst einmal nicht so wahnsinnig viel anzufangen wusste. Eine Zeit lang sah es so aus, als würde die Mühle nun endgültig verfallen. Zum Glück wurde das verhindert. Nun kümmert sich der Verein Kulturmühle Benz um das Mahlwerk. Es wird instand gehalten und gepflegt, darüber hinaus gibt es inzwischen auch eine Galerie, ein Café und ein Backhaus. Gäste sind willkommen und helfen mit ihren Eintrittsgeldern und ihrem Verzehr, dass die Mühle auch in Zukunft erhalten bleibt.

Adresse Mühlenweg, 17429 Benz, www.muehle-benz.de, Google-Map-Code W3QC+67 Benz | **ÖPNV** Bus 281, 283, Haltestelle Benz Fritz-Behn-Straße | **Anfahrt** B 111 Neppermin | **Öffnungszeiten** April–Okt. Di–Sa 10–13 und 13.30–17 Uhr, Führungen nach Vereinbarung per »i-Mehl« an info@muehle.benz.de | **Tipp** Das Angebot der Bockwindmühle in Pudagla (Am Mühlenberg 1) ist dem der Holländermühle ähnlich, allerdings weniger kunst-, dafür mehr mühlenbetont.

16 Das Café Vergiss Dein nicht

Ich ging im Walde so für mich hin …

Es ist tatsächlich so passiert. Mehr oder weniger ziellos durch den Wald wandernd und stolpernd, fällt ein Schild ins Auge: Café Vergiss Dein Nicht. Das wirkt erst mal recht abwegig, nicht nur wegen des Wortspiels. Wer eröffnet hier, abseits an einem Waldpfad gelegen, ein Café? Da kommt doch niemand. Aber vielleicht ist das Schild ja nur ein Relikt aus alten Zeiten, möglicherweise betreten wir gerade eine einst blühende Touristenregion, die heute nur noch ein Schatten ihrer selbst ist.

Um die Ecke fangen Hunde an zu bellen, die einerseits bedrohlich wirken wollen, aber andererseits ihre Freude darüber, dass hier endlich etwas passiert, schwer verbergen können. Auf dem Rasen stehen ein paar Tisch und Stühle. Natürlich leer. Die Tür zum Gebäude ist offen.

»Hallo?« Drinnen sieht es eher wie in einem Wohnzimmer und ein bisschen wie in einer Garderobe aus, an den Wänden sind Kleiderständer aufgereiht. Eine Frau erscheint. »Haben Sie geöffnet?« Die Frau nickt. »Möchten Sie einen Kaffee?« Ursula Rösener hatte erst ein Modegeschäft an der Ostsee. Als es da nicht mehr so richtig lief, überlegte sie, ob sie den Laden dichtmachen und sich zur Ruhe setzen sollte, aber dann beschloss sie, es mit einem Café zu probieren.

»Aber hier?« – »Ich wusste, die Leute finden mich.« Und das stimmt. Es ist, wohlwollend umschrieben, gerade mal Vorsaison, aber – der Kaffee ist noch nicht einmal ausgetrunken – da tauchen schon die nächsten Gäste auf. Die sich bald am Kaffee und dem nach alten Familienrezepten gebackenen Kuchen laben. »Es ist natürlich auch jetzt schon gut, aber im Sommer wird es dann richtig schön. Da ist auch im Garten alles voll«, sagt die Chefin. Kein Grund, daran zu zweifeln. Denn während der Autor das Grundstück verlässt, nähern sich schon die nächsten Gäste.

Adresse Stolper Straße 1, 17419 Dargen, www.cafe-vergiss-dein-nicht.de, Google-Map-Code V2MW+PJ Dargen | **ÖPNV** Bus 287, Haltestelle Dargen-Prätenow | **Anfahrt** B 110 Dargen | **Öffnungszeiten** Do–Mo 12–17 Uhr | **Tipp** Ähnlich originell präsentiert sich das Café Tante Wally in der Schulstraße 21 in Benz.

17 Die Kräuter-Verbena

Alles andere als Hexerei

Seit ewigen Zeiten vertrauen Menschen auf die Kraft der Kräuter. Sei es als Heilmittel oder Gewürz oder einfach nur, weil man bei der Suche nach Kräutern auf andere Gedanken kommt und wunderbar abschalten kann.

Allerdings droht das Wissen, das die Menschheit seit Generationen angehäuft hat, immer mehr in Vergessenheit zu geraten. Man will nicht mehr heilen, sondern reparieren. Der menschliche Körper – von seiner Seele ganz zu schweigen – wird immer öfter wie eine Maschine betrachtet. Funktioniert ein Teil nicht mehr, wird es ausgebessert. Und im schlimmsten Fall wird es sogar ausgetauscht. Und wenn all das nicht mehr hilft, soll es wenigstens Medikamente geben, die den Schmerz betäuben.

»Wir bekämpfen Symptome, anstatt uns um die Ursachen zu kümmern«, sagt Ina Schirmer. Was auch damit zu tun habe, dass wir den Bezug zur Natur verloren haben, sowohl zu der, die uns umgibt, als auch zu unserer eigenen. Ina Schirmer arbeitete lange in einer Klinik, bis sie nicht mehr länger ausblenden konnte, dass sie in ihrem Job nicht mehr glücklich war und keine Erfüllung mehr darin fand. Also wagte sie 2012 den Sprung in ein neues Leben. Sie wurde Kräuterfrau. In ihrem Hofladen bietet sie über 100 verschiedene Kräuter an, teils so, wie sie sie in der Natur antrifft, teils auch zu Salzen oder Gewürzen verarbeitet. Außerdem veranstaltet sie Hypnosen, Massagen, Trommelzeiten und Kräuterwanderungen. Wer eine längere Auszeit nehmen will, kann sich in einem der Wohnwagen einquartieren.

Da Ina Schirmer nicht damit rechnen kann, dass alle Interessierten den Weg zu ihr finden, präsentiert sie ihr Wissen auch in anderen Orten auf der Insel, so zum Beispiel in Bansin oder im Lieper Winkel. Sie sagt: »Jeder Mensch soll herausfinden, was ihn glücklich macht.« Ihr Glück hat sie mit ihrer neuen Profession gefunden. Nun will sie es mit anderen Menschen teilen.

Adresse Stolper Straße 9, 17419 Dargen, www.kraeuterverbena.de, Google-Map-Code V2MG+RM Dargen | **ÖPNV** Bus 287, Haltestelle Stolpe | **Anfahrt** B 110 Dargen | **Öffnungszeiten** Hofladen, Kurse und Veranstaltungen siehe Webseite | **Tipp** Im Naturhafen Gummlin (Dorfstraße 17) in Stolpe beruhigt der Blick aufs Wasser fast so gut wie ein Kräutertee.

18 Die Heimatstube

Auf dem Teppich bleiben

Die Weltwirtschaftskrise vor knapp 100 Jahren legte auch die Fischerei an den pommerschen Küsten lahm. Um wenigstens die ärgste Not zu lindern, bewilligte die preußische Landesregierung den arbeitslosen Fischern in drei Landkreisen Überbrückungsgelder. Was dann geschah, klingt märchenhaft, wenn auch nicht wie eine Geschichte aus Tausendundeiner Nacht, obwohl das Happy End auch mit Teppichen zu tun hat. In zwei Landkreisen wurden die Unterstützungsgelder anstandslos ausgezahlt. Im dritten gab es einen Landrat mit dem schwer hanseatischen Namen Kogge, und der hatte eine Idee: Zum einen saßen doch die Fischer jetzt untätig zu Hause rum, zum anderen gehörte zu ihrem Handwerk das Spleißen von Tauen sowie das Flicken von Netzen und Reusen. Könnte man diese Fähigkeiten nicht auch an Land gewinnbringend anwenden, überlegte er. Beim Teppichknüpfen zum Beispiel.

Landrat Kogge schaltete eine Anzeige, worauf sich ein Bewerber mit dem schwer österreichischen Namen Rudolf Stundl meldete. Zwar hatte Stundl bislang nichts mit der Seefahrt zu tun gehabt, aber er brachte beträchtliche Teppicherfahrung mit. Sogar mit Orientteppichen. Dass er seine Erfahrungen nicht im Nahen Osten, sondern auf dem Balkan gesammelt hatte, war für Kogges Beschäftigungsprojekt kein Hindernis. Stundl machte sich sofort an die Arbeit. Er entwarf einen Knüpfstuhl, der so niedrig war, dass er in die Fischerkaten passte. Das ist übrigens das Erste, was man lernt, wenn man es mit Teppichen aus Freest zu tun bekommt. Es heißt Knüpfstuhl. Niemals Webstuhl. Niemals.

Dann brachte Stundl den Fischern und ihren Frauen das Knüpfen bei. Die verwebten Motive waren natürlich maritim und nicht orientalisch. Bald wurden die »Pommerschen Perser« weltbekannt. Und seit dem Frühjahr 2023 gehören sie zum Immateriellen Kulturerbe in Deutschland. Über ihre Geschichte und Herstellung erfährt man viel in der Freester Heimatstube.

Adresse Dorfstraße 67, 17440 Kröslin-Freest, www.kroeslin.de, Google-Map-Code 4PPC+Q6 Kröslin | **ÖPNV** Bus 274, Haltestelle Freest Zeltplatz, Kröslin | **Anfahrt** B 111 Wolgast Richtung Kröslin | **Tipp** Wer einen solchen Teppich sein Eigen nennen möchte: Frau Helga Grabow wirkt noch im Koppelweg 4 in Kröslin (Tel. 038370/689118).

19 Die Räucherei Thurow

Alles andere als Schall und Rauch

Wie sagte doch Benjamin Franklin: Mit Besuch sei es wie mit Fisch, nach drei Tagen beginne er zu stinken. Dafür, wie man allzu anhängliche Gäste loswird, gibt es noch immer kein Patentrezept. Anders beim Fisch: Wer nicht will, das der zu stinken beginnt, der muss ihn räuchern.

Über diese Kunst wurde schon viel geschrieben, auch von Leuten, die richtig Ahnung davon haben, aber manches wird auch einfach so dahingesagt. Zum Beispiel Sätze wie »Räuchern ist im Prinzip ganz leicht«. Was grundsätzlich stimmt. Beim Räuchern gerinnt das Eiweiß im Fisch. Dadurch wird er haltbar. Vor dem Räuchern kommen das Salzen, Trocknen und Garen. Bei jedem dieser Schritte kann man jedoch so viel falsch machen, dass man die ganze Sache vernünftigerweise denen überlässt, die sich damit auskennen.

Zum Beispiel der Räucherei Thurow. Ob diese die älteste Räucherei in der Region oder »nur« eine der ältesten ist, ist nicht geklärt, auf jeden Fall handelt es sich um ein alteingesessenes Familienunternehmen, das nicht nur diverse Restaurants in der Region beliefert, sondern auch eine wachsende Fangemeinde mit Paketen voller geräucherter Ware versorgt. Egal, wie sich die Zeiten änderten, zwei Dinge blieben über die Jahrzehnte immer gleich: das rautenförmige, mit seinen Zacken an eine Briefmarke erinnernde rot-weiße Logo der Räucherei sowie der viereckige Turm des flachen Gebäudes. Der Bau aus rotem Backstein macht zu allen Jahreszeiten eine gute Figur, aber am besten sieht er aus, wenn das Gemäuer grün bewachsen ist. Und wenn einen nicht alles täuscht, ist das Kunstwerk auf dem Hof von Raik Vicent (siehe Ort 105).

Natürlich kann man im Laden frisch geräucherten Fisch kaufen, es gibt aber auch die Möglichkeit, sich den Fisch schicken zu lassen. Früher stand auf dem Gelände der Räucherei auch ein Imbiss. Das wurde in Coronazeiten zurückgefahren, aber vielleicht ändert sich das ja auch mal wieder.

Adresse Dorfstraße 49, 17440 Kröslin-Freest, www.thurow-freest.de, Google-Map-Code 4PPF+VX Kröslin | **ÖPNV** Bus 274, Haltestelle Spandowerhagen, Kröslin | **Anfahrt** B 111 Wolgast, Abzweig Richtung Kröslin | **Öffnungszeiten** Räucherei und Laden: Mo–Fr 10–16 Uhr, Sa 10–14 Uhr; auch Versand möglich, Infos siehe Webseite | **Tipp** Beim Laden »Freester Fisch – Täglich frisch« an der Dorfstraße in Kröslin ist der Name Programm.

20 Die Kriegsgräber

Ein bedrückender Ort

Die nackten Zahlen sind unumstritten. Am 12. März 1945 flogen 661 amerikanische Bomber einen Angriff auf Swinemünde, dabei wurden sie von 412 Begleitjägern eskortiert. Wie viele Menschen zu dieser Zeit in Swinemünde lebten, ist nicht genau bekannt. Fest steht, dass die Stadt durch die Flüchtlingstrecks aus dem Osten an den Rand ihrer Kapazität gekommen war. Ebenso gilt als sicher, dass die meisten der bei diesem Luftangriff Getöteten Zivilisten waren, und gleichfalls besteht kein Zweifel daran, dass der Großteil der Opfer auf dem Golm begraben wurde, einem Hügel, der nun kurz vor der Grenze zu Polen liegt. Strittig hingegen sind die absoluten Opferzahlen, mittlerweile herrscht Konsens darüber, dass sie in die Tausende gingen.

Doch wie es bei welthistorischen Ereignissen häufig der Fall ist: Um die Lufthoheit und die Wertung der Vorfälle wird lange und ausdauernd gestritten. In der DDR wurde nach beträchtlichem Hin und Her in den 1970er Jahren ein Mahnmal konzipiert, dessen Grundzüge in der heutigen Anlage erhalten sind. Seit 1992 findet hier jährlich eine Gedenkstunde statt. Der Golm ist die größte Kriegsgräberstätte in Mecklenburg-Vorpommern. Seit der Jahrtausendwende kümmert sich der Volksbund Deutsche Kriegsgräberfürsorge um das Areal. Waren die Beschädigungen in früheren Jahren Ausdruck politischer Diskrepanzen, scheinen sie in jüngster Vergangenheit eher profane Gründe zu haben. So wurden immer mal wieder Bleiplatten und Buchstaben aus der Inschrift im Zentralbau geklaut, weshalb diese inzwischen durch Imitate aus Plastik ersetzt wurden.

Doch den pragmatischen Kompromissen, der turbulenten Vorgeschichte und allen Grabenkämpfen zum Trotz: Die Kriegsgräberstätte berührt und erinnert an die vielen sinnlosen Opfer. Der Waldboden dämpft den Schritt, die Stille hat etwas Kontemplatives und lässt hoffen, dass alle, die hier liegen, schließlich ihren Frieden gefunden haben.

Adresse 17419 Garz, www.kriegsgraeberstaetten.volksbund.de/friedhof/golm, Google-Map-Code V6M5+R5 Garz | ÖPNV Bus 286, Haltestelle Garz Tunnel | Anfahrt B 110 Garz | Tipp Auf der Insel Kaseborg (auf Polnisch Karsibór) gibt es ein Denkmal der Royal Air Force, das an abgestürzte Piloten der Alliierten erinnert.

21 Das Windschöpfwerk

Vom Winde verweht

Zumindest vom Anblick her scheint einem ein Windschöpfwerk vertraut. Diese vielblättrigen Windräder mit einem Windfähnchen als Schwanz spielen in vielen Western eine Rolle im Hintergrund, während vorn Herden zusammengetrieben, Kälber gebrandmarkt oder Bohnen gekocht werden. Diese Assoziation ist schon mal gar nicht so verkehrt, denn diese Erfindung kommt tatsächlich aus Nordamerika, wo sie anfangs vor allem zum Entwässern benutzt wurde. Später wurde sie dann aber auch verwendet, um Generatoren zu betreiben oder um Karpfenteiche mit Frischluft zu versorgen, damit die Fische fröhlicher blubbern konnten.

Das Windschöpfwerk am Kachliner See in Görke hatte seit 1920 die Aufgabe, den Thurbruch zu entwässern (siehe Ort 69). Der Thurbruch ist ein Moorgebiet. Warum es so heißt, wird erklärt, wenn es um das Wisentgehege geht. Und auch wenn das Windschöpfwerk ziemlich einsam in der Landschaft steht, aus der Nähe betrachtet ist es eine recht imposante Angelegenheit. Das Windrad ist über zwölf Meter hoch, mit seinen 27 Fähnchen – der Fachbegriff mag ein anderer sein – misst es über acht Meter im Durchmesser.

Wenn der Wind günstig stand und das Rad sich drehte, konnte das Schöpfwerk fast 1.500 Kubikmeter Wasser anderthalb Meter hochpumpen. Das funktionierte, weil das Windrad durch eine archimedische Schraube angetrieben wurde. Für Experten ist das etwas ganz Exquisites, weil sich darin ein Quantensprung der Technikgeschichte manifestiert. Für Laien sieht eine archimedische Schraube aus wie eine Regenrinne, die lieber eine Wendeltreppe geworden wäre. Aber wichtig war, dass das Windschöpfwerk seinen Job erledigte. Und das tat es in Görke bis 1968. Seitdem machen elektrische Pumpen die Arbeit.

Gut erkunden lässt sich das Windkraftwerk auf einer Radtour. Einen überdachten Rastplatz verdanken die Radler der »Insel-Safari«, einem Unternehmen, das Touren abseits der üblichen Pfade anbietet.

Adresse 17419 Dargen-Görke, Google-Map-Code V3XV+VR Dargen | ÖPNV Bus 284, 286, Haltestelle Dargen | Anfahrt B 111 Görke, in die Wiesenstraße abbiegen und bis zum Ende fahren | Tipp Wer auf den Geschmack gekommen ist: In Lobbe auf Rügen gibt es ein Windschöpfwerk, das von derselben Firma hergestellt wurde.

22 Das Caspar-David-Friedrich-Zentrum

Der Wanderer über dem Meer

Caspar David Friedrich war einer der bedeutendsten Maler der Romantik. Auf jeden Fall gehört er zu den Künstlern, deren Bilder nicht nur Experten ins Gedächtnis ploppen, wenn der Name genannt wird. Bei Albrecht Dürer ist es der Hase, bei Caspar David Friedrich ist es »Der Wanderer über dem Nebelmeer«, der mit zerzaustem Haar auf einer Klippe steht und durch Nebelschwaden auf weitere Klippen und Felsen in der Ferne blickt.

Friedrichs Eltern kamen aus Neubrandenburg nach Greifswald, das in seinen Jugendjahren noch zu Schweden gehörte und eine verträumte Kleinstadt war. Der Ort zählte nicht mehr als 5.000 Seelen, und an der Universität hatten sich gerade mal 60 Studenten eingeschrieben. Aber Caspar interessierte sich sowieso mehr für Kreidefelsen und Hünengräber.

Ja, man muss es so klar sagen: Obwohl Usedom für Caspar David Friedrich quasi um die Ecke lag, war sein Blick nach Norden gerichtet. Rügen hieß die Insel, die ihn faszinierte. Dort war der Maler mindestens sieben Mal. Dort zeichnete er Kreidefelsen und Hünengräber, schließlich Traumlandschaften, die immer mehr zu Abbildern von Seelenzuständen wurden.

Usedom hätte also genug Grund, Caspar David Friedrich die kalte Schulter zu zeigen. Wenn der Maler kein Auge für die Schönheiten der benachbarten Insel hatte, warum sollte man dann hier ein Auge auf seine Arbeiten werfen? Andererseits soll man nicht nachtragend sein, und außerdem wird 2024 der 250. Geburtstag des Malers ganz groß gefeiert. Und dafür wird es in seinem ehemaligen Zuhause jede Menge zu sehen und zu bestaunen geben. Begehbare Gemälde wie die Ruinen vom Kloster Eldena gibt es jetzt schon. Weitere Attraktionen werden bestimmt folgen. Grund genug, wenn die Sonne vielleicht mal nicht scheint, einen Abstecher nach Greifswald zu machen.

Adresse Lange Straße 57, 17489 Greifswald, www.caspar-david-friedrich-gesellschaft.de, Google-Map-Code 39WG+9Q Greifswald | ÖPNV Bus 2, 3, Haltestelle Campus Loefflerstraße | Anfahrt B 109 Greifswald | Öffnungszeiten Mai–Sept. Di–So 11–17 Uhr, Okt.–April Di–Sa 11–17 Uhr | Tipp Sehenswert ist auch das Rungehaus in Wolgast am Rathausplatz 6. Otto Runge hat als Maler vielleicht keinen ganz so großen Namen wie Herr Friedrich, aber dafür war er nicht so garstig gegenüber Usedom.

23 Der Eierautomat

Kein Rumeiern am Automaten

Die Idee der Automatenrestaurants kam vor knapp 100 Jahren in den Vereinigten Staaten auf. Die Welle schwappte nach Europa über, hielt sich aber nicht lange. Die Kaugummi- und Krimskrams-Automaten sind Überbleibsel einer längst vergangenen Epoche.

Doch seit einigen Jahren boomen Lebensmittel aus dem Automaten vor allem in der Landwirtschaft. Automatenhersteller, die außerhalb der Branche kaum jemand kennt – wer angeben will, kann ja mal Namen wie Risto Vending, Brunimat oder Necta fallen lassen –, verzeichnen volle Auftragsbücher. Und das, obwohl so ein Automat in der Anschaffung schnell 30.000 Euro kostet. Dabei sind die Kosten für Betrieb und Unterhalt noch nicht eingerechnet. Die Umgehung von Mittelsmännern, direkter Kundenkontakt und eine Umsatzsteigerung von bis zu 45 Prozent sprechen aus Bauernsicht für die Automaten. Aus Kundensicht sind die frische Ware und das ungewöhnliche Einkaufserlebnis interessant. Hat man sich erst mal mit dem Apparat vertraut gemacht, kann der Gang zum Eierautomaten schnell zur Gewohnheit werden.

Nun ist es nicht so, dass sich Eigentümer und Kunden jedes Mal über den Weg laufen, aber wer regelmäßig kommt, trifft bestimmt gelegentlich jemanden an. Und das kann sich auszahlen. Für die Bauern ist Bio-Landwirtschaft zuallererst eine Investition, die viel Geld braucht, bevor am Ende auch etwas rausspringt. Ein Gräuel-Video aus erbarmungswürdigen Stallungen oder ein C-Promi, der nach Themen sucht, um sich zu profilieren, kann da verheerend wirken, im schlimmsten Fall Existenzen vernichten. Bei direktem Kontakt jedoch kann sich jeder Zweifler persönlich von den Lebensbedingungen der Tiere überzeugen.

Den Eierautomaten von Groß Ernsthof gibt es seit etwa 2017, so genau weiß das keiner mehr. Seit Kurzem befindet er sich im Besitz von Annalena Grabo, die hier Eier von ihren Freilandhühnern verkauft.

Adresse Greifswalder Chaussee 11, 17509 Groß Ernsthof, Google-Map-Code 3PMP+QR Rubenow | **ÖPNV** Bus 274, Haltestelle Groß Ernsthof, Rubenow | **Anfahrt** B 111 Wolgast Richtung Kröslin | **Tipp** Der Hofladen gleich hinter dem Eierautomaten ist zu den üblichen Geschäftszeiten geöffnet.

24 Die Anneliese

Eine Analyse für Anneliese

Sie trägt ein blaues Kleid, lässt sich von Wind und Wetter nicht beirren und isst stoisch einen Apfel, während links und rechts Menschen vorübereilen oder entspannt flanieren. Allgemein bekannt ist, dass das kleine Kunstwerk »Anneliese« heißt. »Anneliese« sitzt schon seit vielen Jahren auf den Stufen des Hotels Kaiserhof und ist ein beliebtes Fotomotiv. In den sozialen Medien gibt es jede Menge Abbildungen von ihr, und auch für Verabredungen wird sie gern genutzt.

Kaiserhof – der Name des Hotels klingt nach Tradition. Vor dem Zweiten Weltkrieg schmückte dieser Name das Etablissement, das sich heute Kurhotel nennt. Da zum zeitgenössischen Hotel Kaiserhof allerdings auch der imposante Kaiserbädersaal gehörte, wird jedoch kaum jemand die Berechtigung des Namens an dieser Stelle anzweifeln.

Der Kaiserhof ist inzwischen im Besitz der Arcona-Hotelgruppe. Von 1997 bis 2020 war das Hotel Teil der Maritim-Gruppe und wurde damals von Gerd Seele geführt, der als Franchisenehmer große Freiheit bei der Gestaltung, der Konzeption und der Einrichtung des Hotels hatte. Neben Designermöbeln kam ihm auch die Idee, das Hotel mit lebensgroßen Figuren zu verschönern. So zog »Tante Amelie« mit ihrem Dackel in die Lobby, und »Anneliese« wurde auf die Stufen der Eingangstreppe gesetzt.

Geschaffen hat diese Kunstwerke der Bildhauer Bernd Maro, der lange in Niedersachsen arbeitete und von dem in Norddeutschland einige Figuren im öffentlichen Raum zu sehen sind. »Peter Aal« (mit Aalstecher) steht im Jachthafen von Maasholm, ein Schuster mit Hund ist in Preetz zu finden, und den Marktplatz von Harrislee schmückt »Das Wahlversprechen«, eine Gruppe von acht Figuren, die alle mehr oder minder verschmitzt in sich hineinlachen. Welche Botschaft sich mit »Anneliese« verbindet, kann man ihn nicht mehr fragen, denn der Künstler ist im Frühjahr 2022 verstorben.

Adresse Strandpromenade/Kulmstraße 33, 17424 Heringsdorf, www.kaiserhof-usedom.de, Google-Map-Code X548+RW Heringsdorf | ÖPNV Bus 281, 290, 291, Haltestelle Heringsdorf Seebrücke | Anfahrt B 111 Bansin | Tipp Am Außenpool des Hotels sitzt eine weitere Frauenfigur, die auf den Namen »Tante Frida« hört. Auch sie darf fotografiert werden.

25 Der Baumwipfelpfad

Die Krönung auf dem Weg zum Gipfel

Man könnte sagen, ein Baumwipfelpfad ist ein Kur- und Heilwald auf höherer Ebene. Möglicherweise liegen die beiden auch deshalb in unmittelbarer Nachbarschaft.

In Deutschland existieren mittlerweile fünf Baumwipfelpfade, alle in attraktiven Gegenden wie dem Schwarzwald oder der Saarschleife. Der Baumwipfelpfad auf Usedom ist knapp 1,5 Kilometer lang und 23 Meter hoch. Außerdem gibt es noch einen 33 Meter hohen Turm. Bei guter Sicht kann man vom Pfad aus bis nach Rügen blicken. Dort findet man auch einen Baumwipfelpfad, aber den sieht man von hier aus beim besten Willen nicht.

In erster Linie ist der Pfad für Leute gedacht, die wie sonst am Boden auch rumlaufen, sehen und staunen wollen. Aber auch wer es gern etwas sportlicher mag, wird hier zufriedengestellt. Die Usedomer Laufmützen, eine Gruppe, die für den Marathon trainiert, organisiert auf dem Baumwipfelpfad Läufe, bei denen jeder mitmachen kann. Der Pfad ist barrierefrei gestaltet, ihn im Rollstuhl abzufahren oder einen Kinderwagen mitzunehmen ist also kein Problem. Das ist die gute Nachricht. Die schlechte: Jetzt gibt es keine Ausreden mehr. Natürlich – natürlich! – besteht ein Baumwipfelpfad vollkommen aus Holz. Wer sich auf ihn begibt, muss – falls vorhanden – erst mal seine Höhenangst überwinden. Hat man das geschafft, wird man den Wald aus einer neuen Perspektive sehen. Sozusagen auf Augenhöhe mit Eichhörnchen und Spechten.

Gebaut und betrieben werden die Baumwipfelpfade von der Erlebnis Akademie AG. Und mit dem Namen ist eigentlich schon alles gesagt. Obwohl es schlussendlich darum geht, den Leuten ein bisschen Verständnis für die Natur beizubringen, liegt die Betonung auf dem Erlebnis. Sicher kann man – wie der Kur- und Heilwald zeigt – auch auf Höhe Normalnull im Wald inspirierende Erfahrungen machen. Aber eine Etage höher wird alles noch mal eine Stufe intensiver.

Adresse Am Bahnhof 12, 17424 Heringsdorf, www.baumwipfelpfade.de/usedom, Google-Map-Code W5X9+MF Heringsdorf | **ÖPNV** RB 23, Haltestelle Seebad Heringsdorf; Bus 281, 284, 285, 286, 290, 291, Haltestelle Heringsdorf Bahnhof | **Anfahrt** B 111 Bansin | **Tipp** Im Kletterwald in Ückeritz geht es auch in die Höhe, aber entschieden wackliger (www.kletterwald-usedom.de).

26 Das Circle of Life

Wie sich der Kreis des Lebens schließt

Heringsdorf ist um eine Attraktion reicher. Das Riesenrad »Circle of Life« steht von Frühjahr bis Herbst auf dem Sportplatz an der Seepromenade. Seine Ausmaße sind gigantisch: 50 Meter hoch – mehr als doppelt so hoch wie der in Alpinistenkreisen gefürchtete Jungfernberg. Am Rad hängen 36 Gondeln. Die sind geschlossen, beheizbar und barrierefrei. In jede Kabine passen acht Erwachsene. Pro Stunde können sich bis zu 2.000 Leute auf dem Rad amüsieren und die Aussicht genießen.

Das Riesenrad ist eine hochmoderne Angelegenheit, es wurde erst 2021 erbaut. Das ganze Rad ist 200 Tonnen schwer. Um es auf seinen Stellplatz zu bringen, müssen sich 20 Trucks auf den Weg machen. Ist das Riesenrad erst mal aufgestellt, nimmt es auf dem Boden sehr wenig Platz weg, höchstens ein Quadrat von einer Seitenlänge von 25 Metern. Wenn es dunkel wird, trägt das Riesenrad mit seiner LED-Beleuchtung zum Glanz von Heringsdorf bei. Und für alle Technik-Freaks, die es noch genauer wissen wollen: Auf der zugehörigen Webseite kann man sich die genauen Daten herunterladen.

Als Promoter Jens Schmidt mit seiner Idee an die Gemeinde herantrat, war das Interesse sofort groß. Schließlich war der Circle of Life schon in Kühlungsborn gestanden und hatte sich dort bewährt. Mit einigen tausend Gästen pro Tag könne man durchaus rechnen, meinte er, zudem könnten Einheimische Rabatt bekommen. Und der Ausblick von ganz oben über die Insel sei atemberaubend.

Es gab aber auch skeptische Stimmen: Das Riesenrad selbst arbeite zwar mit Ökostrom, der müsse aber auch übers Netz eingespeist werden. Und da für den Sommer auch Konzerte mit Party-Acts geplant seien, könnte das Netz hier an seine Grenzen kommen. Nach einigem Hin und Her und dem dezenten Hinweis, dass das Rad durchaus auch genauso gut auf der polnischen Seite in Kolberg aufgestellt werden könnte, war die Sache am Ende dann doch klar.

Adresse Strandpromenade 1 (auf dem Sportplatz), 17424 Heringsdorf, www.riesenrad-erlebnis.de, Google-Map-Code X549+CW Heringsdorf | ÖPNV Bus 281, 290, 291, Haltestelle Heringsdorf (Usedom) Parkhaus | Anfahrt B 111 Bansin | Tipp Wer den Blick nicht nur in die Ferne schweifen lassen möchte: Gleich an der Promenade gibt es einen Rosengarten.

27 Die Galerie Hollatz

Mit Udo und Otto auf Du und Du

Für Leute, die nicht allzu viel Ahnung von Kunst haben – und das sind ja, wenn man es recht bedenkt, die meisten –, ist ein Galerist ein beinahe mystisches Wesen. In den alten, romantischen Erzählungen bringt der Galerist Kunstwerke unter das reiche Publikum, während der Artist in seinem Atelier darbt und kleckst und pinselt. Heute dürften sich Künstler und Galeristen in der Regel mehr oder minder auf Augenhöhe begegnen, aber die Fragen werden nicht weniger. Wie entsteht eigentlich Kunst? Wie findet ein Galerist seine Künstler? Wie macht man sich einen Namen? Wann kommt ein Künstler groß heraus?

Zumindest bei Frank Hollatz, der seit einigen Jahren in Heringsdorf eine Galerie betreibt, ist die Frage »Wie wird man Galerist?« recht einfach zu beantworten. Er begann mit einer Bilderrahmenwerkstatt. Und da die Rahmen ja irgendetwas umrahmen mussten, blieb nicht aus, dass er sich früher oder später auch einmal für den Inhalt interessierte. Die pragmatische Art des Besitzers im Umgang mit Kunst hat auch den Vorteil, dass Flaneure, die eher zufällig in seine Galerie stolpern und unter normalen Umständen wohl nie in ihrem Leben eine Galerie betreten würden, keine Scheu davor haben, sich umzusehen, und es vielleicht sogar wagen, dem Galeristen ein paar Fragen zu stellen. Und wenn sie dann merken, dass dieser vom eigenen Erfahrungshorizont gar nicht so weit entfernt ist, dann eröffnet sich auf diese Weise vielleicht tatsächlich leichter ein Zugang zur Kunst.

Ein weiterer Grund dafür, dass Laien in der Galerie Hollatz schneller einen Sinn für Kunst entwickeln als anderswo, sind die Kunstwerke, die dort angeboten werden. Hollatz hat viel Pop-Artiges im Programm, unter anderem auch Arbeiten von Udo Lindenberg und Otto Waalkes. Kunstwerke, die schon allein dadurch vertraut wirken, dass man nicht nur die Schöpfer kennt, sondern auch die Pop-Ikonen, die auf ihnen abgebildet sind.

Adresse Friedenstraße 19, 17424 Heringsdorf, www.kunstgalerie-usedom.de, Google-Map-Code X548+6G Heringsdorf | ÖPNV RB 23, Haltestelle Seebad Heringsdorf; Bus 280, 290, 291, Haltestelle Heringsdorf Seebrücke | Anfahrt B 111 Bansin | Tipp Die Walentowski Galerien in der Seestraße 16 in Ahlbeck bieten ein ähnliches Programm.

28 Der grüne Walzerkönig

Heckenscheren im Dreivierteltakt

In den Villen der Kaiserbäder schmückt man sich gern mit berühmten Namen aus vergangenen Tagen. Hier ein Literat, dort ein Filmstar, da wieder ein ganz anderer Künstler. Solcherlei Prominenz macht sich immer gut. Doch wie soll man an den Gebäuden auf die bedeutenden Gäste verweisen? Eine Gedenktafel scheint eine naheliegende Lösung zu sein, aber wie der Fall Ferdinand Egelinski (siehe Ort 3) zeigt, ist diese Mühe oft vergebens. Doch es geht auch anders.

Im Jahr 1889 machte der Komponist und Walzerkönig Johann Strauss Urlaub auf Usedom. Als er das Ostseebad besuchte, war er auf der Höhe seines Ruhms. Er nächtigte in Heringsdorf in der Villa Anna und blieb knapp zwei Wochen, vom 18. August bis zum 1. September, aber das sollte Anlass genug sein, um dem berühmten Komponisten ein Denkmal zu setzen. Und weil er seinen Vorgarten sowieso ein bisschen aufrüschen wollte, kam dem Besitzer der Villa eine Idee.

Es gibt Leute, die aus Hecken ganz erstaunliche Dinge zaubern können. Villen-Eigner Mirko Hildebrandt fand in Italien nicht nur das passende Material – die Immergrüne Heckenkirsche »Lonicera nitida« –, sondern darüber hinaus auch noch ein paar begabte Heckenschnibbler, die ihm aus der Kirsche einen grünen Komponisten samt Konzertflügel modellierten.

Der Transport des Kunstwerk war, wie auch der Aufbau, ein ziemlicher Akt, aber jetzt steht der grüne Walzerkönig da und soll auch noch ein Weilchen bleiben. Die Heckenkirsche ist gerade mal 15 Jahre alt und wohl auch einigermaßen widerstandsfähig gegen Frost. Und zumindest in einem Punkt hat sich der Einsatz für den musikalischen Kurzurlauber schon gelohnt: Vor einiger Zeit wurden die ersten Schautafeln des Kaiserbad-Erlebnispfades aufgestellt. Dort findet man Informationen über interessante Orte, Gebäude und Ereignisse. Auch der grüne Walzerkönig ist mit einer Schautafel bedacht worden.

Adresse Seestraße 18, 17424 Heringsdorf, www.villa-anna.net, Google-Map-Code X537+PM Heringsdorf | **ÖPNV** Bus 281, 290, 291, Haltestelle Heringsdorf (Usedom) Parkhaus | **Anfahrt** B 111 Bansin | **Tipp** Das Café Asgard (Strandpromenade 15) war einst Treffpunkt der UFA-Stars.

29 Das Korbwerk

Wo Glööckler sich einen Korb holte

Der Strandkorb gehört zur Ostsee. Zumindest was die deutsche Küste betrifft. Auf polnischer Seite bevorzugt man Paravents und andere Windfänge. Weil es ihn schon so lange gibt, ranken sich um den Strandkorb viele Geschichten und Legenden. Thomas Mann soll in einem Strandkorb an seiner Erzählung »Mario und der Zauberer« geschrieben haben. Billy Wilder, der vor seinen Erfolgen als Regisseur in Hollywood in Berlin als Eintänzer arbeitete, dürfte den Strandkorb bei Ausflügen kennengelernt haben. Angeblich soll er von dem Konstrukt so angetan gewesen sein, dass er für seinen Film »Manche mögen's heiß« in Amerika einen Strandkorb nachbauen ließ, in dem Marilyn Monroe mit Tony Curtis rumpoussieren konnte.

Die Erfindung des Strandkorbs wird einem Lübecker zugeschrieben. Wilhelm Bartelmann soll den ersten gegen Ende des 19. Jahrhunderts erfunden haben, weil sich eine rheumageplagte Rostockerin darin am Strand wohler fühlte. Aber ebenso wahr ist, dass sich in Heringsdorf Deutschlands älteste Strandkorbmanufaktur befindet. Hier baut man Strandkörbe in allen Größen und Formen. Den bislang größten wohl für das G8-Gipfeltreffen 2007 in Heiligendamm. Seit 2014 steht er auf der Heringsdorfer Promenade und wirbt für sein Heimatbundesland.

Ebenso sorgte für einiges Aufsehen, als Harald Glööckler 2022 exklusiv für das Korbwerk einen Strandkorb entwarf. Dieser ist Teil seiner Modelinie »Pompöös« und sieht so aus, wie man sich einen von Glööckler designten Strandkorb vorstellt. Wer ihn sein Eigen nennen will, der muss schon an die 30.000 Euro auf den Tisch legen – und vielleicht ein wenig auf die Fertigstellung warten. Dem Meister konnte allerdings pünktlich zum Auftakt der Saison das erste Exemplar seiner Linie überreicht werden.

Im Korbwerk gibt es eine Ausstellung zur Geschichte der Bademode und des Strandlebens, in der auch ein Exemplar des Glööckler-Strandkorbs präsentiert wird.

Adresse Waldbühnenweg 2, 17424 Heringsdorf, www.korbwerk.de, Google-Map-Code X528+3Q Heringsdorf | **ÖPNV** Bus 281, 285, 286, 290, 291, Haltestelle Heringsdorf Bahnhof | **Anfahrt** B 111 Bansin | **Öffnungszeiten** Mo–Fr 9–16 Uhr, Sa 10–14 Uhr, Werksführung jeden Do 10 Uhr, Gruppen ab 10 Personen nach Absprache | **Tipp** Wen es nach einem Tag am Strand nach österreichischer Küche gelüstet, der ist bei Lutter & Wegner (Kulmstraße 3) an der richtigen Adresse.

30 Die Reederei Adler

Die wahren See-Adler

Wer Usedom von der Seeseite erkunden will und kein Boot sein Eigen nennt, kommt an den Schiffen der Reederei Adler nicht vorbei. Diese legen an den Seebrücken der Kaiserbäder an, aber auch in Koserow, Zinnowitz und Peenemünde. Die Fahrten nach Swinemünde dauern eine gute Stunde und werden dreimal täglich angeboten, weshalb sie sich gut für einen Tagesausflug eignen. Das heißt: Man kann morgens ganz bequem mit dem Boot von Ahlbeck nach Swinemünde schippern und abends wieder zurückfahren. Und falls man das letzte Boot verpassen sollte, ist das auch nicht so schlimm. Zur Not läuft man halt zurück. Eine Rundfahrt um die Insel ist auf jeden Fall eine gute Idee, wenn man einen Eindruck von der Vielfalt Usedoms erhalten will.

Fahrten zur Nachbarinsel Wollin stehen auch auf dem Programm, was sicherlich bis zur Eröffnung des Swinetunnels (siehe Ort 93) die entspannteste Art bleiben wird, die Nachbarinsel zu erkunden und die Attraktionen zu vergleichen. Auch auf Wollin gibt es eine Seebrücke und ein Wisentgehege (siehe Ort 69).

Zu DDR-Zeiten bot die Weiße Flotte kurzfristig eine Verbindung mit Tragflächenbooten nach Swinemünde an. Einen ähnlichen Bootstyp verwendete die Reederei Adler für Fahrten von Swinemünde nach Stettin. Beide Typen konnten Geschwindigkeiten von etwa 50 Kilometern pro Stunde erreichen, aber so richtig zufrieden scheint man mit den Schiffen nicht gewesen zu sein, beide Verbindungen wurden bald wieder eingestellt. Was vor allem für die Strecke von Swinemünde nach Stettin schade ist.

Die Reederei Adler wurde in der Mitte des letzten Jahrhunderts gegründet, das erste Schiff des Unternehmens hieß überraschenderweise »Falke«. Seit 1992 engagiert sich die Reederei auf Usedom. Derzeit sind auf deutscher Seite drei Schiffe im Einsatz, auf der polnischen Seite kommt noch ein weiteres hinzu, alle Namen beginnen mit »Adler«.

Adresse Promenade 1, 17424 Heringsdorf, www.adler-schiffe.de, Google-Map-Code X549+7Q Heringsdorf (Hauptsitz) | **ÖPNV** Anlegestellen am besten mit der Usedomer Bäderbahn zu erreichen | **Anfahrt** B 111 Bansin | **Tipp** Die echten Seeadler gehören zu den Attraktionen Usedoms, doch mit bloßem Auge sind die scheuen Vögel kaum zu erspähen. Gute Aussichten gibt es am Krienker See und am Schmollensee bei Bansin.

31 Die Seebrücke

Die Thronfolgerin

Nachdem Ahlbeck mit dem Bau seiner Seebrücke begonnen hatte, zog Heringsdorf nach. Von 1891 bis 1893 wurde hier die zweite Seebrücke auf der Insel errichtet, die den Namen »Kaiser-Wilhelm-Brücke« verliehen bekam – man wusste schon, bei wem man sich lieb Kind machen musste. Und natürlich war die Seebrücke von Heringsdorf länger als die von Ahlbeck, sie kam auf ganze 500 Meter.

Ahlbeck hatte eine Schneise in die Zukunft geschlagen, und in Heringsdorf war man fest entschlossen, diese auf Autobahnbreite auszuweiten. War Ahlbeck mehr oder minder per Zufall zum Status eines Seebads gekommen, wurde in Heringsdorf alles generalstabsmäßig vorbereitet. Ursprünglich hatte man für das Projekt Misdroy oder Swinemünde ins Auge gefasst, aber am Ende machte Heringsdorf das Rennen.

Die Brüder Hugo und Adelbert Delbrück gründeten eine Aktiengesellschaft, um aus Heringsdorf, das erst 1879 eine selbständige Gemeinde geworden war, einen boomenden Urlaubsort zu machen. Bislang war in der Gegend vor allem mit Forstwirtschaft Geld verdient worden, doch als ein Waldbesitzer ein Areal abstoßen wollte, überboten die Delbrücks die Konkurrenz. Unter ihrer Regie wuchs Heringsdorf rasant. Aus 2.000 Einwohnern wurden schnell 16.000. Die meisten waren aus Preußen zugezogen, die nächstgrößere Gruppe kam aus Österreich, die Pommern wurden in ihrem Heimatdorf zu einer Minderheit. Es entstanden viele neue Hotels und Versorgungseinrichtungen, und schon bald entspann sich zwischen den Gründern und der Gemeinde ein Streit, der auch dieser Tage immer wieder aufflammt: Es ging um die Kurtaxe, deren Höhe den Anteil der Gemeinde am Boom markierte. Die Delbrücks waren zwar Brüder, aber brüderlich teilen, das machten sie nicht so gern.

Die alte Seebrücke brannte übrigens 1958 ab. 1995 wurde eine neue hingestellt. Sie misst 508 Meter und ist die längste in Deutschland. Selbstredend.

Adresse An der Seebrücke, 17429 Heringsdorf, Google-Map-Code X54C+G5 Heringsdorf | **ÖPNV** Bus 281, 290, 291, Haltestelle Heringsdorf (Usedom) Parkhaus | **Anfahrt** B 111 Bansin | **Tipp** Das Theaterzelt Chapeau Rouge befindet sich ganz in der Nähe.

32 Die Usedomer Bäderbahn

In den Fußstapfen der Ferkeltaxen

Die Usedomer Bäderbahn (UBB) ist, was den öffentlichen Personennahverkehr auf der Insel betrifft, der absolute Monopolist. Denn sie betreibt nicht nur Bahnverbindungen, sondern auch Buslinien.

Bis zum Vorabend des Zweiten Weltkriegs war die Insel gut durch Schienenwege erschlossen. Nach Kriegsende lag die Infrastruktur jedoch in Trümmern, zudem wurde vieles als Reparationsleistung abgebaut. Dann gab es für Jahrzehnte keine richtige Anbindung per Eisenbahn. Wer mit dem Zug nach Usedom wollte, musste in Wolgast aussteigen und sich mit der Fähre übersetzen lassen, erst dann konnte er auf der Inselseite in einen anderen Zug steigen. Was an Waggons auf die Insel kam, wurde von der Eisenbahnfähre Stralsund (siehe Ort 100) transportiert, aber die wurde natürlich auch nicht jünger.

Die Usedomer Bäderbahn wurde 1994 als Tochtergesellschaft der Bahn gegründet. Seitdem hat man das Netz Schritt für Schritt ausgebaut. Ein Meilenstein war dabei die Brücke bei Wolgast (siehe Ort 99), die ermöglichte, dass endlich wieder Züge auf die Insel fahren konnten. Ebenfalls wurde das Streckennetz auf der Insel ausgebaut und modernisiert. Neue Bahnhöfe wie der von Pudagla entstanden, und die Verbindung nach Swinemünde ist auch noch nicht allzu lange in Betrieb. Dabei wurden auch Oberleitungen abgebaut, weil die neuen Triebwagen nur noch diesel-elektrisch fahren. Vor den blau-weißen Zügen rollten rot lackierte Treibwagen der Baureihe VT 2.09 über die Gleise.

Die in Eisenbahnerkreisen auch als »Nebenbahnretter« bezeichneten Fahrzeuge erhielten schnell den Spitznamen »Ferkeltaxen«. Warum? Da gehen die Erklärungen auseinander. Die einen sagen, weil auf dem Land tatsächlich auch mal Vieh transportiert wurde. Die andere Erklärung: Die VT 2.09 war die Nachfolgerin des Wismarer Schienenbusses Typ Hannover. Und der hatte den Spitznamen »Schweineschnäuzchen«.

Adresse Am Bahnhof 1, 17424 Heringsdorf, www.ubb-online.com | **ÖPNV** RB 23, Haltestelle Seebad Heringsdorf | **Anfahrt** B 111 Bansin | **Tipp** Im Freizeitpark Usedomer Dampfbahn in Loddin verkehren Mini-Lokomotiven mit Mini-Zügen, auf denen Kinder fahren können (Karl-Sollich-Straße 9).

33 Der Hafen

In der Ruhe liegt die Kraft

Das Tolle an Kamminke ist, dass hier wirklich nichts los ist. Der ganze Ort und das Wasser sowieso scheinen eine Ruhe und Gelassenheit auszustrahlen, die sich unmerklich auf die Einheimischen und die Besucher überträgt. Das liegt natürlich zuallererst am Haff. Es gibt sicherlich offizielle Definitionen, die präziser sind, aber für uns reicht es zu wissen, dass ein Haff ein abgeschnittener Teil des Meeres ist, wobei die bestehenden Verbindungen so reduziert sind, dass ein Haff fast als Binnengewässer durchgehen könnte. Das Beste aus zwei Welten, wenn man so will.

Wer sich im Hafen von Kamminke auf eine Bank setzt und auf das Wasser blickt, erahnt auf der anderen Seite nicht ferne Gestade und fremde Welten. Auf der anderen Seite des Haffs liegt von Kamminke aus gesehen Ueckermünde und das uns schon bekannte Ahlbeck mit der anderen Postleitzahl (siehe Ort 1). Natürlich wird in Kamminke nicht nur der ganze Tag verdöst. Es wird beispielsweise auch gefischt.

Früher wurde hier mal ein DEFA-Kinderfilm gedreht, das kann unmöglich ein Actionfilm gewesen sein. Auf der Mole steht ein Denkmal, ein Anker mit der Aufschrift »Im Stillen Gedenken« und einer Liste von Namen von Frauen und Männern. Keine Ahnung, woran dieses Monument erinnern soll, und es ist auch keiner da, den man fragen könnte. Im Fenster der Räucherei ein Schild mit der Botschaft: Alle Gäste bereiten Freude. Die einen, wenn sie kommen. Die anderen, wenn sie gehen. Man hofft schwer, in die erste Kategorie zu fallen. Die meiste Betriebsamkeit auf der Mole geht von Möwen aus, die in einer Pfütze planschen, und es stellt sich die Frage, was Möwen daran finden, in einer Pfütze zu planschen, wenn sie doch den ganzen Tag auf Wellen schaukeln könnten. Aber natürlich kann man auch die Möwen nicht fragen.

Langsam zieht die Dämmerung auf. Die wenigen Spaziergänger verschwinden. Es wird noch ruhiger. Falls das überhaupt geht.

Adresse Dorfstraße 71, 17419 Kamminke, Google-Map-Code V684+XF Kamminke | **ÖPNV** Bus 286, Haltestelle Kamminke Haff | **Anfahrt** B 110 Garz/Kamminke | **Tipp** Die Fischräucherei Klönsnack auf der Mole verarbeitet fangfrisch, was die Kutter an die Mole bringen (www.fischraeucherei-kamminke.de).

34 Der Beachcup

Nah am Netz

Netze gehören zur Ostsee dazu. Einerseits in den Fischerbooten, andererseits an den Stränden, wo sich jede Menge Volleyballfelder finden. Volleyball war lange Zeit eher eine Freizeitbeschäftigung. Bis zur Jahrtausendwende. Da fragte sich der Karlshagener Sebastian Krause, ob man nicht was Größeres daraus machen könnte. Ein Turnier vielleicht. Und damit war die Idee für den Usedom Beachcup geboren.

Im Jahr 2000 ging es mit zwölf Volleyballfeldern los. Mittlerweile sind es 90 Felder, auf denen sich mehr als 1.200 Sportler aller Leistungsklassen tummeln, die von 30.000 Zuschauern bejubelt werden. Wenn im Sommer das Beachvolleyball-Turnier stattfindet, gibt es in Karlshagen keine Parkplätze mehr, es ist auch kein Fahrradständer mehr frei. Mittlerweile gilt der Usedom Beachcup als das größte Volleyballturnier der Welt. Sagt zumindest das Guinnessbuch der Rekorde. Und die müssen das ja wissen, denn die machen das beruflich.

Karlshagen und Usedom profitieren in mehrerlei Hinsicht von dem Turnier. Zum einen möbelt der Beachcup die Insel auf. Karlshagen gehörte schon immer zu den sportlichen Ecken, und dank des Beachcups haben nun auch diejenigen Usedom auf dem Schirm, die bislang meinten, die Insel sei vor allem was für Leute, die auf Ruhe aus sind.

Dabei ist bemerkenswert, dass der Beachcup den Ort eher zusammengeschweißt als polarisiert hat. So ein Monster-Event ist eine bürokratische Herausforderung. Bevor es losgehen kann, müssen 38 Genehmigungen eingeholt werden, zum Teil bei Behörden, von denen zuvor kaum ein Mensch gehört hat. Beim Auf- und Abbau geht es zu wie bei einem Rockkonzert. Ohne ehrenamtliche Helfer wäre all das nicht zu schaffen. Über 200 sind es mittlerweile. Sie sind einer der Gründe, weshalb man sich beim Beachcup immer noch wie in einer großen Familie fühlt. Das merken auch die Spieler, die auch dann kommen, wenn anderswo mehr Geld lockt.

Adresse Zeltplatzstraße 4, 17449 Karlshagen, www.usedom-beachcup.de, Google-Map-Code 4R9X+2C Karlshagen | **ÖPNV** RB 24, Haltestelle Karlshagen; Bus 272, Haltestelle Karlshagen Schule | **Anfahrt** B 111 Trassenheide | **Tipp** Bei Mario's Jetstrand in Zinnowitz kann man sich am Jetski, Flyboard oder Hoverboard austoben (www.jetstrand.de).

35 Der Jordsand e. V.

Die mehr als einen Vogel haben

Jordsand war eine Hallig im Osten von Sylt, die 2001 im Meer versank. Der Jordsand e. V. ist ein Verein, der sich seit langer Zeit für den Schutz von Seevögeln einsetzt. Dabei geht es darum, die Lebensräume dieser Tiere zu bewahren, sie vor den Gefahren der industrialisierten Welt zu schützen und mehr über ihre Lebensweise herauszufinden. Seit 2014 kürt der Verein auch den Seevogel des Jahres.

In Karlshagen gab es ein Naturschutzzentrum, das seit 1993 viel geleistet hat. Unter anderem wurden dort interessante Ausstellungen organisiert. Als die lokalen Ressourcen zu Ende gingen, wurde das Zentrum 2021 vom Jordsand e. V. übernommen. Der Verein will nicht nur dafür sorgen, dass das Naturschutzzentrum weiter existiert, sondern er hat sich zum Ziel gesetzt, dessen Aktivitäten noch auszubauen. So werden Naturführungen angeboten, darunter auch an den Strand. Und wer es ein bisschen romantischer mag, der kann sogar an einer Nachtwanderung bei Fackelschein teilnehmen, zu der es dann die passenden Geschichten gibt.

Die Aktivitäten des Vereins gehen weit über Usedom hinaus. Die Greifswalder Oie ist eine kleine Insel, die ziemlich genau in der Mitte zwischen Rügen und Usedom in der Ostsee liegt. In diesem Naturschutzgebiet ist der Jordsand e. V. schon seit 30 Jahren tätig. Mittlerweile gilt die Insel als »fangstärkste Zugvogel-Beringungsstation in der ehemaligen DDR«. Das ist zwar ein etwas sperriger Superlativ, aber das soll die Leistung keinesfalls schmälern.

Grundsätzlich darf niemand auf die Greifswalder Oie rauf. Der Verein organisiert aber Schiffstouren zur Insel, die betreute Einblicke in die faszinierende Welt der Seevögel ermöglichen. Wenn man mit Leuten vom Verein spricht, wird früher oder später angemerkt, dass das Engagement nur aufgrund der Mitgliedsbeiträge und Spenden möglich sei. Ob man das nicht erwähnen könne? Das sei hiermit getan.

Adresse Dünenstraße 33, 17449 Karlshagen, www.jordsand.de/karlshagen, Google-Map-Code 4RFQ+MC Karlshagen | ÖPNV Bus 272, Haltestelle Strand, Karlshagen | Anfahrt B 111 Karlshagen | Tipp Wer es zwar mit geflügelten Wesen hat, aber Vögel nicht so sehr mag: Am Forsthaus von Ückeritz gibt es eine Fledermausburg.

36 Die Hubbrücke

Eine Brücke in die Zukunft?

Die eisernen Brückenstummel, die man vom Ufer aus oder auf Rundfahrten bewundern kann, sind Überreste eines Bauwerk, das einst als technische Sensation galt. Seit dem 19. Jahrhundert führte eine Drehbrücke über das Wasser, doch je mehr Usedom zur »Badewanne« Berlins wurde, desto deutlicher kam das Bauwerk an seine Grenzen.

1933 wurde die Hubbrücke eröffnet. Die Pfeiler waren 35 Meter hoch. Wenn der Schiffsverkehr es verlangte, hob sich das Mittelteil in die Höhe, ansonsten bretterten die Züge mit 100 Stundenkilometern auf die Insel. Auch an Schaulustige war gedacht worden. Wer das Heben und Senken der Brücke live miterleben wollte, konnte das in einer Gondel tun, allerdings musste man vorher unterschreiben, auf jegliche Schadensersatzansprüche zu verzichten.

Im April 1945 wurde die Brücke beim Rückzug der Wehrmacht gesprengt. Nach der Wiedervereinigung sollten auch die Pfeiler beseitigt werden, doch da regte sich Widerstand von Naturschützern: Die Brückenreste waren zu Brutstätten geworden. Was damals oft als Grille von verpeilten Zeitgenossen abgetan wurde, könnte nun tatsächlich Perspektiven für die Zukunft eröffnen.

Mittlerweile mehren sich die Stimmen, die nicht nur einen Wiederaufbau der Brücke fordern, sondern auch eine Restituierung der demontierten Bahnstrecke. Für den weiter nördlich gelegenen Bahnhof Züssow, der nur existiert, damit man umsteigen und nach Wolgast abbiegen kann, wäre das eine schlechte Nachricht, die meisten anderen würden sich freuen. Per Luftlinie liegt Berlin mitsamt seinem Speckgürtel etwa 150 Kilometer von Usedom entfernt, dank der derzeitigen Streckenführung muss man, egal ob im Auto oder mit der Bahn, immer noch gut 250 Kilometer veranschlagen. Mit einer neuen Bahnlinie wäre Usedom für Berlin so nah wie St. Peter-Ording für Hamburg. Und könnte wieder zu einer richtigen »Badewanne« werden.

Adresse Bugewitz, 17406 Karnin, www.karninerbruecke.eu, Google-Map-Code RVV4+C7 Bugewitz | **ÖPNV** RE 3, Haltestelle Bahnhof Anklam; Bus 287, Haltestelle Usedom-Karnin | **Anfahrt** B 110 Zecherin | **Tipp** Der Lotsenturm (Karnin 27) ganz in der Nähe dient als Hotel und bietet einen herrlichen Blick aufs Wasser.

37__Waterkahnt Fishing

Fischerman & Friends

Beliebt war Angeln schon immer – aber cool? Lange Zeit sah das Bild vom typischen Freizeitangler so aus: gestresster Familienvater, der sich in die Pampa schlägt, dort auf einen Klappstuhl setzt und froh ist, mal ein paar Stunden Ruhe zu haben. Ob er dabei was aus dem Wasser holte oder nicht, war Nebensache. Möglicherweise ist diese Ausgangslage auch der Grund für das viele Anglerlatein. Doch seit einigen Jahren gelten Angeln und Fischen und alles drum herum als cool. Spätestens seitdem auch Rapper – der Rostocker Marteria sei nur als ein Beispiel genannt – bekennen, dass sie die Welt von Rute und Rolle fasziniert, ist das Ansehen der Angelei auch bei der jüngeren Generation enorm gestiegen.

Wer angeln und dabei cool aussehen will, der muss zu Waterkahnt Fishing gehen. Hier werden professionelle Angel- und Fototouren vor Usedoms Küsten angeboten. Und wer schon Angelprofi ist, findet hier einen Partner, an dessen Seite er seiner Leidenschaft frönen kann. Zudem bekommt man auch Tipps und Unterkunftsadressen.

Wer erst mal in den Angelsport reinschnuppern will, ist ebenfalls an der richtigen Stelle. Denn hier gibt es nicht nur das nötige Know-how, sondern auch alles, was man an Equipment so braucht. Allerdings benötigt man als Nicht-Profi einen Touristen-Fischereischein. Den gibt es auf Usedom bei den Ordnungsämtern, allerdings sollte er rechtzeitig – mindestens 14 Tage im Voraus – beantragt werden.

Der Boss des Unternehmens heißt Florian Kahnt – womit die eigentümliche Schreibweise des Firmennamens hinreichend erklärt sein sollte. Der gelernte Koch angelt seit seiner Kindheit. Erst gab er sein Wissen im Team bei Baltic Fishing weiter, nun hat er sein eigenes Unternehmen. Auf Usedom ist er seit mehr als anderthalb Jahrzehnten zu Hause, was nicht bedeutet, dass er jeden Fisch beim Vornamen kennt, aber die meisten hat er vermutlich schon mindestens einmal gesehen.

Adresse Karnin 19, 17406 Usedom-Karnin, www.waterkahnt-fishing.de, Google-Map-Code RVV8+94 Usedom | ÖPNV Bus 287, Haltestelle Usedom-Karnin | Anfahrt B 110 Karnin | Tipp Am Waterkahnt Food Trailer an der Strandpromenade in Bansin gibt es viel von dem, was der Chef aus dem Wasser gefischt hat.

38 Der Fischstand

Familie Fisch fischt frische Fische

Schon wieder Fisch? Ja klar. Wir sind auf einer Insel. Schon vergessen? An Wasser besteht auf Usedom kein Mangel. Im Norden der Greifswalder Bodden, im Nordosten die Pommersche Bucht, im Osten die Swine, im Süden das Stettiner Haff, im Westen das Achterwasser und die Peene. Hinzu kommen noch einige Binnenseen wie der Wolgast- oder der Mümmelkensee, die als Grundwasserseen echte Süßwasserseen sind und keine Verbindung zum Meer haben.

Wo es so viel Wasser gibt, gibt es natürlich auch jede Menge Fisch. Der an vielen Stellen fangfrisch – manchmal zu beeindruckenden Preisen – gekauft werden kann. Und natürlich suchen die Nachfahren von Verleihnix gern einen Namen, der auf die Natur ihres Gewerbes hinweist. Smutje zum Beispiel. Oder Fischerhütte. Oder Fischpavillon. Meist verbunden mit dem Namen des Besitzers. Doch niemand kann dabei die Familie Fisch toppen, die nicht nur Fisch auf der Insel verkauft, sondern auch schon seit Generationen in der Fischerei tätig ist.

Vor ein paar Jahren erschien ein großer Bildband, in dem all die Fischer präsentiert wurden, die noch auf die Ostsee fahren und fangen. Insgesamt wurden 228 Personen in dem Buch vorgestellt, von der Familie Fisch waren drei dabei.

An den Verkaufsständen der Familie steht »Direktvermarktung vom Fischer Tommy Fisch«. Und dazu gehört eben nicht nur das Verkaufen. Die Familie fährt selbst mit dem Kutter raus, hat eine eigene Räucherei und zwei Verkaufsstände auf der Insel. Man grübelt ständig über neue Kooperationen und Kreationen – inzwischen gibt es sogar Fischgerichte für vierbeinige Freunde, all das stößt auf entsprechende Resonanz. Aber dennoch würde das Geschäft ohne Nebentätigkeiten nicht über die Runden kommen. Deshalb fragten die Macher des oben erwähnten Bildbands, ob sie hier vielleicht die Letzten ihrer Zunft porträtierten. Wir hoffen nicht. Diese Zunft sollte auf jeden Fall Zukunft haben.

Adresse Hauptstraße 87, 17459 Koserow, Google-Map-Code 22W3+H6 Koserow | ÖPNV Bus 283, Haltestelle Koserow Bahnhofstraße | Anfahrt B 111 Koserow | Tipp In Trassenheide, in der Bahnhofsstraße 25, gibt es vor dem Netto-Markt einen weiteren Stand der Familie.

39__Karls Erlebnis-Dorf

Freizeitspaß beim Erdbeer-Schorsch

Wer auf den Straßen und Wegen Usedoms unterwegs ist, kommt mit mindestens einer Erkenntnis nach Hause: Der Eintritt in Karls Erlebnis-Dorf ist frei. An fast jeder Straße oder Kreuzung hängen Plakate, die diese frohe Botschaft verkünden.

Karls Erlebnis-Dorf auf Usedom wurde 2016 eröffnet. Es ist die mit Abstand größte und vielleicht sogar beliebteste Attraktion Usedoms. Dabei ist das Erlebnis-Dorf in Koserow nicht mal das größte der Kette. Das Unternehmen hat seinen Stammsitz in Rövershagen. Es begann als Zulieferer eines Marmeladenfabrikanten in Bad Schwartau. Als man nach dem Fall des Eisernen Vorhangs von Konkurrenten aus Osteuropa unterboten wurde, entschied man sich – geografisch sogar im Wortsinn – der Konkurrenz entgegenzugehen und in Mecklenburg-Vorpommern eigene Erdbeerplantagen aufzubauen. Mittlerweile gehört man zu den größten Arbeitgebern in der Region und hat auch bei den Themen Umwelt und Preisgestaltung ein gewichtiges Wort mitzureden.

Die Erlebnis-Dörfer entwickelten sich aus Hofläden, in denen anfangs Erdbeeren und andere landwirtschaftliche Produkte angeboten wurden. Das größte Dorf im Bundesland steht nicht in Koserow, sondern in Rövershagen, was man auch daran erkennen kann, dass es dort zwei Achterbahnen gibt – die Erdbeer-Raupenbahn und den Kaffeekannenexpress –, in Koserow hingegen nur eine, die Raupe. Aber auch hier warten genug Attraktionen, vom Wasserspielplatz über den Streichelzoo bis hin zur Wasserrutsche. Auf dem Bauernmarkt gibt es eine Pfannkuchen-Schmiede, dazu wird Erdbeerbrause gereicht.

Einige tun den Mittelteil Usedoms ja als eine Art Disneyland ab, aber hier zeigt er sich von seiner besten Seite. Darüber hinaus wirkt das Erlebnis-Dorf als Wirtschaftsmotor: Nicht wenige Menschen, die später ihre eigenen Unternehmen gründeten, haben dort einst an der einen oder anderen Attraktion gearbeitet.

Adresse Zum Erlebnisdorf 1, 17459 Koserow, www.karls.de/koserow, Google-Map-Code 22V2+VV Koserow | ÖPNV Bus 283, Haltestelle Koserow Bahnhofstraße | Anfahrt B 111 Koserow | Tipp Ob der Dinopark in Mölschow (Hauptstraße 5a) wirklich »Paläontologie für die ganze Familie« bietet? Auf jeden Fall ist er für Kinder mit urzeitlichen Interessen ein Spaß.

40 Die Seebrücke

Die neueste und modernste von allen

»Guten Tag. Wir möchten mit Ihnen über Seebrücken reden.« – »Schon wieder? Wir haben doch schon Ahlbeck. Und Bansin. Und Heringsdorf …« – »Aber wir haben noch nicht alle behandelt.« – »Ich dachte, bei Seebrücken gilt die Regel: Kennst du eine, kennst du alle.« – »Das ist eine bodenlose Unverschämtheit! Wie können Sie nur so über unsere geliebten Seebrücken sprechen?« – »Ich wollte Sie nicht beleidigen.« – »Das weiß ich. Aber wenn es um Seebrücken geht, werde ich immer so emotional. Und – Sie haben auch fast alle Seebrücken durch.« – »Also gut.«

Es gab schon mal eine Seebrücke in Koserow. Diese erste Seebrücke wurde im Winter 1941/42 von denselben Eismassen vernichtet, die auch in Ahlbeck für schwere Schäden gesorgt hatten, aber den Weiterbetrieb der dortigen Seebrücke nicht verhinderten (siehe Ort 6). Der Traum von einer eigenen Seebrücke in Koserow starb jedoch trotz dieses Schicksalsschlags nicht.

1993 wurde die neue Seebrücke in Koserow eröffnet. Sie war viel moderner als ihre Schwestern im Süden. Aber auch sie teilte das Pech ihrer Vorgängerin. 1995 wurde die neue Seebrücke von einem Sturm beschädigt.

Worauf man ab 2019 wieder eine Seebrücke baute. Und die wurde dann endlich im Sommer 2021 eröffnet. Sie ist natürlich immer noch viel moderner als die Seebrücken im Süden. Und nicht nur das: Die Seebrücke in Koserow führt nicht einfach gerade ins Meer. Sie zickt und zackt sich stattdessen ins Wasser. Damit dürfte diese Seebrücke bei Leuten, die gern mit Drohnen Film- und Fotoaufnahmen machen, der absolute Favorit sein. Und wenn im Dunkeln die LED-Beleuchtung erstrahlt, ist das ein beeindruckendes Bild.

Natürlich gibt es auch in Koserow ein Seebrückenfest mit abschließendem Feuerwerk. Bei diesen Festen treten Stars auf, aber auch Doubles. Besonders nach Doppelgängern von Andrea Berg und Roland Kaiser scheint große Nachfrage zu bestehen.

Adresse Strand, 17459 Koserow, Google-Map-Code 3262+37 Koserow | ÖPNV Bus 283, Haltestelle Koserow Feuerwehr | Anfahrt B 111 Koserow | Tipp Das hat jetzt nicht so viel mit der Seebrücke zu, aber immerhin mit Meer – und es liegt gleich um die Ecke: das maritime Lokal Koserower Salzhütte (Am Strande 1).

41 Der Usedom-Schriftzug

Die Schrift im Sand

Am Ende kommt man an der Erkenntnis nicht vorbei: Milton Glaser ist an allem Schuld. Der New Yorker Grafiker entwarf Mitte der 1970er Jahre das mittlerweile berühmte »I❤New York«-Logo. Einerseits wollte die Stadt damit den Tourismus ankurbeln, aber andererseits auch den Lokalpatriotismus, denn so wirklich begeistert waren viele New Yorker von ihrer Stadt damals nicht.

Glaser hatte sich schon früh einen Namen als Designer gemacht, so entwarf er unter anderem die Hülle für Bob Dylans Greatest-Hits-Album, aber »I❤New York« war sein größter Wurf. Schon bald begannen viele Großstädte, den Slogan zu imitieren. In Amsterdam beispielsweise mit »I Amsterdam«, in Berlin mit »Be Berlin«. Ob diese Slogans wirklich zur Beliebtheit der Destinationen beitrugen, sei mal dahingestellt, auf jeden Fall sind sie beliebte Fotomotive.

Auch auf Usedom sind frische Marketingideen gern gesehen. Eine Usedom-App gibt es selbstverständlich, das musste sein, wo doch Rügen längst schon eine hatte. Jährlich wird ein Wettbewerb ausgeschrieben, als Hauptgewinn locken 1.500 Euro, die Umsetzung lässt sich die Tourismus-Gesellschaft weitere 20.000 Euro kosten. Es trudeln immer mal wieder gute Ideen ein, doch zu den besten dürfte der Einfall gehören, an der Seebrücke in Koserow einen »Used❤m«-Schriftzug aufzustellen.

Der steht dort seit 2022. Der Weg von der Idee zur Umsetzung verlief unkompliziert. Das auf der Insel ansässige Unternehmen FXdeco hat in vielen Jahren vielfältige Erfahrungen mit Events, Messen und Dekoration gesammelt. Als der Chef von der Anfrage erfuhr, legte er einen Entwurf vor, der abgenommen und realisiert wurde. Wie man auf diversen sozialen Kanälen sieht, wurde »Used❤m« schnell angenommen. Das Fotomotiv ist beliebt, egal bei welchem Wetter, egal zu welcher Jahreszeit. Es war gar nicht so leicht, einen Moment zu erwischen, in dem niemand vor den Buchstaben stand.

Adresse Seebrücke, 17459 Koserow, www.fxdeco.de, Google-Map-Code 3262+37 Koserow | ÖPNV Bus 283, Haltestelle Koserow Feuerwehr | Anfahrt B 111 Koserow | Tipp Es gibt noch einen zweiten Used❤m-Schriftzug, im Design nahezu identisch, der an verschiedenen Orten auf der Insel auftaucht. Und wie man hört, soll es möglicherweise bald einen dritten geben.

42 Der Vineta-Stein

Vineta, wo bist du?

Im Unterschied zu vielen anderen Aspekten ist der Kern der Sage um Vineta relativ klar und unumstritten. Um das 10. Jahrhundert soll es an der Küste der Ostsee eine sehr reiche Stadt gegeben haben. Sie wurde von Griechen und Barbaren bewohnt (so berichteten es die Griechen), und sie hatte einen schwer auszusprechenden Namen (so berichteten es arabische Handlungsreisende). Auf jeden Fall war der Reichtum der Stadt legendär, einst soll sogar der dänische König Harald Blauzahn – der Name ist kein Witz, die Rune für Bluetooth in Ihrem Handy-Display geht auf Harald zurück – hier Zuflucht gefunden haben. Aber dann passierte, was immer passiert: Der Bevölkerung Vinetas stieg ihr Reichtum zu Kopf, worauf sie von einer verhöhnten Seele verflucht wurde, und dann ging die Stadt in einem tosenden Sturm mit Mann und Maus unter.

Das ist, wie gesagt, unstrittig. Die Frage ist nur: Wo fand das Ganze statt? Im Lauf der Jahrhunderte meldeten sich immer wieder neue Experten zu Wort. Barth warf seinen Hut in den Ring, aber auch der Ruden, eine kleine Insel vor der Nordküste Usedoms, meldete Ansprüche an. Auch viele kluge Köpfe wie zum Beispiel der berühmte Mediziner Rudolf Virchow taten ihre Meinung kund, und immer wieder zogen Archäologen los, um irgendwo irgendwelche Scherben auszubuddeln und dadurch Theorien zu erhärten oder zu entkräften. Das Bernsteinzimmer hat möglicherweise mehr Fans, aber die Anteilnahme war auch bei der Suche nach Vineta ziemlich groß.

Mittlerweile neigt die Wissenschaft zu der These, dass sich die echte Stadt Vineta auf der Insel Wollin – also nicht auf Usedom, aber immerhin in direkter Nachbarschaft – befand. Aber da gibt es eben auch noch einen gewissen Eilhard Lubin, der 1618 eine Karte von Usedom gezeichnet hat. Und da ist Vineta drauf. Vor Koserow. Capisce? Und deshalb gibt es in Koserow – und nur hier – einen Stein, der an den Untergang Vinetas erinnert.

Adresse Am Strande 1b, 17459 Koserow, Google-Map-Code 3X5X+54 Koserow | **ÖPNV** Bus 283, Haltestelle Koserow Feuerwehr | **Anfahrt** B 111 Koserow | **Tipp** Der Streckelsberg (Google-Map-Code 3237+6C Koserow) soll der präzise Ort sein, vor dem Vineta in den Fluten versank. Zumindest wenn man dem ollen Eilhard glaubt.

43 Die Floating Houses

Zuhause auf dem Wasser

Kröslin ist im Kern ein altes Heringsfischerdorf, das mit dem Aufschwung des Heringshandels groß und mit dem Niedergang desselben wieder klein wurde. Die Marina, der Jachthafen, wirkt deshalb wie ein Meteorit, der aus heiterem Himmel in eine fremde Welt geknallt ist. Der Jachthafen von Kröslin wird vielerorts als eine der wenigen Fünf-Sterne-Marinas in Pommern gepriesen. Das glaubt man sofort. Hier ist alles groß, dick und modern. In der Marina gibt es 500 Liegeplätze. Zudem Restaurants, die sich »STEGhouse« und »Red Lobster« nennen, und eine Tapas-Bar. Die Leute auf dem Gelände machen nicht den Eindruck, als würden sie tagtäglich über die Verbesserung ihrer Seemannschaft nachgrübeln, aber über das nötige Kleingeld sollte kein Zweifel aufkommen. Würde man den Hafen von Kamminke (siehe Ort 33) mit Antimaterie besprühen und so in sein Gegenteil verkehren, käme vermutlich so etwas wie die Marina von Kröslin heraus.

Die Marina von Kröslin wurde 1998 eröffnet, und von Anfang an gab es dort etwas, das diesen Jachthafen von allen anderen unterschied: die Floating Houses, die schwimmenden Häuser. Was Floating Houses genau sind, darüber lässt sich trefflich streiten. Sind es nicht eigentlich Hausboote? Oder doch Apartments zu Wasser für Seeleute, die auch an Land das Gefühl haben wollen, auf dem Meer zu sein?

Wer will, kann sich so ein Hausboot auch kaufen, allerdings nicht in Kröslin. Dort werden sie nur zur Miete angeboten, dafür schwimmen hier aber auch mehr als ein Dutzend von ihnen. Das geht los mit dem Floating 44, das immerhin mit 40 Quadratmetern Wohnfläche und einer fast genauso großen Terrasse aufwartet, bis hin zum Floating 100, das zwei Stockwerke hat, wodurch sich die Wohnfläche verdoppelt.

In Peenemünde wurden mittlerweile auch schon schwimmende Häuser gesehen, und möglicherweise werden in der Stadt Usedom weitere folgen.

Adresse Hafenstraße 9, 17440 Kröslin, www.baltic-sea-resort.com, Google-Map-Code 4Q94+Q9 Kröslin | ÖPNV Bus 274, Haltestelle Kröslin Schule | Anfahrt B 111 Wolgast, Abzweig Richtung Kröslin | Tipp Wer auf den Geschmack gekommen ist: Bei der Kröslin Yachting GmbH (Hafenstraße 9) gibt es die passenden Boote.

44 Die Heiße Kiste

Pizze per quattro stagioni

Neben Eierautomaten (siehe Ort 23) und Kuhmilch-Tankstelle (siehe Ort 73) gibt es in Kröslin seit 2023 eine neue Automaten-Attraktion: die Heiße Kiste, ein automatischer Pizzabäcker, der das Publikum rund um die Uhr mit frischer Ware versorgt.

In Italien – logo – und auch in Frankreich gibt es schon eine ganze Weile Pizza-Automaten, aber in Vorpommern, möglicherweise sogar im ganzen Bundesland, ist die Heiße Kiste der erste Automat seiner Art.

Die Idee kam Betreiber Lars Faltus, einem Freester, den es beruflich nach Hamburg verschlagen hatte, als er von einer Party nach Hause ging, Hunger verspürte und feststellen musste, dass alle Restaurants schon geschlossen waren. Da ist so ein Pizzabäcker, der niemals schläft, eine tolle Sache.

In den Automaten – der von einer Firma aus Frankreich stammt – passen 96 Pizzen. Nun ist es nicht so, dass im Sockel des Geräts ein kleiner Roboter Teig kneten würde. Die Pizzen werden vorgebacken angeliefert, und der Kunde kann sich darauf verlassen, dass kein Rohling länger als 72 Stunden im Automaten liegt. Die Bestellung läuft via Touchpad, die Zubereitung dauert ganze vier Minuten. Die Kunst des Betreibers besteht auch darin, zu erahnen, welche Sorten am meisten gefragt sind. Am Anfang ging »Salami« am besten. Derzeit sind acht Sorten im Angebot – darunter Klassiker wie »Tonno« und »Margherita« –, aber das Programm soll schnell erweitert werden.

Wenn die Heiße Kiste am Hafen von Kröslin gut angenommen wird, will der Betreiber weiter expandieren. Campingplätze wären ideale Standorte, aber auch die größeren Städte der Region bieten sich an. Die Heiße Kiste könnte tatsächlich in eine Marktlücke stoßen. Viele Gastronomen der Region klagen, wie schwierig es sei, kompetente und motivierte Mitarbeiter zu finden. Das ist ein Problem, mit dem sich der Mann mit der Heißen Kiste nicht herumschlagen muss.

Adresse Dorfstraße 29, 17440 Kröslin, www.heisse-kiste-pizza.de, Google-Map-Code 4PPH+G9 Kröslin | **ÖPNV** Bus 274, Haltestelle Kröslin Freest Hafen | **Anfahrt** B 111 Wolgast Richtung Kröslin | **Tipp** Direkt neben der Heißen Kiste steht ein weiterer Eierautomat.

45 Die Naschkatze

Wo man gern am Katzentisch sitzt

Wenn ein italienisches Restaurant in Deutschland viele Italiener zu seinen Gästen zählt, dann gilt das als zusätzliches Qualitätssiegel. Selbiges trifft beim Chinesen zu. Und auch auf Usedom kann man diese Regel anwenden. Wenn es eine Lokalität gibt, die auch gern von Einheimischen frequentiert wird, dann kann man das durchaus als positiv werten.

Die Naschkatze in Krummin ist so ein Laden. Natürlich ist die Lage unweit vom Naturhafen hilfreich. Und mit ihrer Pflanzenpracht und dem großen Garten ist sie sowieso eine Welt für sich. Es gibt wie zu erwarten eine Katze im Haus, und der Stubentiger hat auch einen extra für ihn reservierten Platz. Die Kuchen sind selbst gebacken und haben Bezeichnungen wie »Pommernloch« oder »Froschkuchen«. Einige Rezepte kommen aus dem Sächsischen. Man kann sich aus einem alten Bauwagen – in der Naschkatze herrscht Selbstbedienung – so einen von sämtlichen Gesundheitsüberlegungen freien Kuchen plus Kaffee holen und dann unter blühenden Sträuchern, Hecken und Blumen den lieben Gott einen guten Mann sein lassen. Und beim Essen und Trinken darüber nachdenken, was die Naschkatze denn so besonders und auch für Einheimische so attraktiv macht.

Ein Grund dürfte sein, dass man sich in der Naschkatze nicht wie in einem Café fühlt. Es ist auch kein Ersatz-Wohnzimmer, aber es ist ein Refugium, das meilenweit vom Alltag entfernt zu sein scheint. Und nicht zuletzt trägt zum Charme des Etablissements sicherlich auch das absolute Desinteresse an Werbung und Selbstdarstellung bei.

Und ganz nebenbei: Die Naschkatze ist einer der größten Arbeitgeber im Ort. Von den Stellenangeboten in Krummin bei Xing kommt allein ein Drittel von der Naschkatze. Okay, es waren insgesamt nur neun, aber den Wert, den die Naschkatze für den Ort und für ihr Publikum hat, kann man gar nicht hoch genug einschätzen.

Adresse Dorfstraße 25, 17440 Krummin, www.zur-naschkatze.de, Google-Map-Code 2RXX+96 Krummin | **ÖPNV** Bus 272, Haltestelle Krummin | **Anfahrt** B 111 Krummin | **Öffnungszeiten** Di–So 12–18 Uhr | **Tipp** In der Gaststätte Zur Pferdetränke (Dorfstraße 31) gleich um die Ecke gibt es unter anderem Deftiges vom Wild.

46 Der Naturhafen

Am Busen von Mutter Natur

Krummin liegt im Naturpark Usedom. Das ist jetzt keine besondere Leistung, denn ganz Usedom gehört zum Naturpark Usedom. Das ging schon 1925 los, als ganz oben am Peenemünder Haken das erste Naturschutzgebiet in Pommern ausgewiesen wurde. Und das wurde seitdem Stück für Stück erweitert. Aber mit der Natur ist es auf Usedom wie in Orwells Farm der Tiere, wo einige Tiere gleicher als andere sind. Es gibt im Naturpark eben Ecken, die noch ein wenig natürlicher sind als der Rest. Und zu diesen gehört der Naturhafen Krummin.

Zu den Gehässigkeiten der Usedomer Geografie gehört allerdings auch, dass es an der gesamten Ostseeküste keinen brauchbaren Naturhafen gibt. An der Rückseite, also am Achterwasser, aber auch an der Haffküste hingegen findet man einige. Der Naturhafen von Krummin gehört zu den schönsten. Was man auch daran erkennt, dass er bei seiner URL nicht mal dazuschreiben muss, um welchen Naturhafen es sich handelt. Übrigens, es gibt zwar hier keine schwimmenden Häuser wie in Kröslin (siehe Ort 43), aber dafür schwimmende Suiten, und die sind auch ziemlich beeindruckend.

Hier wurde das Konzept »Usedom pur« entwickelt, mit dem man 2021 den Wettbewerb der Ideen fürs Marketing (siehe Ort 41) gewann. Unverblümt gesprochen, könnte man den Kern von »Usedom pur« so beschreiben: Wir wollen nicht, dass die Insel zu einem Disneyland am Meer wird. Und zu einem Ballermann schon gar nicht.

Die ganze Urlaubserfahrung soll deshalb nachhaltig gestaltet werden und wendet sich daher an Menschen, denen Nachhaltigkeit wichtig ist. Alles möglichst authentisch und so viel wie möglich aus der Region, lautet das Motto. »Usedom pur« bedeutet keinesfalls, dass man am Naturhafen Krummin keinen Spaß haben dürfte. Es gibt auch hier ein Hafenfestival und Konzerte und Partys. Nur hat halt niemand was dagegen, wenn die Sachen ein bisschen mehr Klasse haben.

Adresse Dorfstraße 24, 17440 Krummin, www.naturhafen.de, Google-Map-Code 2RWX+P5 Krummin | **ÖPNV** Bus 272, Haltestelle Krummin | **Anfahrt** B 111 Krummin | **Tipp** Ob die Lindenallee von Krummin zur B 111 – auch bekannt als Kreisstraße 27 – wirklich die längste ist? Auf jeden Fall ist sie eine der schönsten.

47 Der Tierhof

Ein Herz für viele Tiere

Der Tierhof Labömitz wurde 1999 gegründet und hat sich seitdem zu einer Institution auf der Insel entwickelt. Dabei erfüllt er viele Funktionen, die in der Gesellschaft nützlich sind, gerade wenn das Zusammenleben mit Tieren nicht so richtig funktioniert. Hier finden Tiere einen Platz, die unter erbärmlichen Umständen verantwortungslos gehalten wurden. Daneben gibt es Fundtiere, andere wiederum dürfen im Hof einen angenehmen Lebensabend verbringen. Und wenn der Lebensabend – und auch der Alltag – für die anwesende Tierwelt angenehm sein soll, dann bedeutet das für das Team viel Arbeit.

Die Gestaltung der Anlage wechselt mit den Bewohnern, wenn nötig, werden dann eben auch mal Vogelvolieren zu Wildschweingehegen umgebaut. Woran man sieht: Zwei Wildschweine leben in der Anlage, aber die sind mit Menschen so vertraut, dass sie schon fast als Hausschweine durchgehen könnten. In freier Wildbahn hätten sie keine Überlebenschance, weil sie vermutlich mit dem Pürzel wedelnd auf den nächsten Menschen zulaufen und so für Schrecken und Panik sorgen würden.

Ein Thema für fast jedes Tierheim sind streunende Katzen. Im Auffanghof kümmert man sich um frei laufende Tiere und hilft, deren Population klein zu halten, aber es werden auch Tiere, die aus einem Haushalt stammen und nur entlaufen sind, aufgenommen. Und zwar in einem Katzenbereich, der so üppig mit Kratzbäumen und Spielzeug ausgestattet ist, dass eine Katze ja schön doof wäre, wenn sie da wieder rausginge.

Der Tierhof wird gut besucht. Von Schulklassen, von Tierfreunden, von Menschen, die – unter was für Umständen auch immer – ihre Liebe zu Tieren entdeckt haben und nun etwas Gutes tun wollen. Wer will, kann auch einfach nur zu Besuch kommen. Eintritt muss niemand zahlen, aber Spenden sind willkommen. Außerdem gibt es einen Kalender zu kaufen, auf dem sich die Bewohner von Labömitz von ihrer besten Seite zeigen.

Adresse Triftstraße 6, 17429 Labömitz, www.tierhoflaboemitz.de, Google-Map-Code W39F+X8 Benz | **ÖPNV** Bus 285, Haltestelle Benz-Labömitz | **Anfahrt** B 110, Abzweig Richtung Katschow | **Tipp** Der Tropenzoo Bansin in der Goethestraße 10 ist laut Selbstbeschreibung der kleinste in Deutschland.

48 Der Jungfernberg

Protokoll eines Gipfelsturms

15. Januar, 12 Uhr: Unser Blick schweift zum Jungfernberg, dessen Gipfelkreuz sich in der Ferne gerade so ausmachen lässt. 13 Uhr: Nach einem beschwerlichen Marsch über die Ebene haben wir den Fuß des Jungfernbergs erreicht. Jede Minute müssen die Sherpas eintreffen. 15 Uhr: keine Sherpas. Ich rufe in der Kneipe an. Es fallen Worte wie »Nachtjacken« und »Dösbaddel«. Im Hintergrund fragt einer: »Glauben die tatsächlich, dass die für einen 18 Meter hohen Berg Träger brauchen?« 15.30 Uhr: Da wir keine Träger haben, verzichten wir auf die Einrichtung eines Basislagers. Rainholds Entschlossenheit inspiriert mich.

15.32 Uhr: Rainhold tritt in ein Maulwurfsloch und verstaucht sich den Fuß. Ich will im Dorf Hilfe holen. Rainhold fleht mich an zu bleiben. Sollte die Witterung umschlagen, würde ich ihn am Hang niemals wiederfinden. 15.38 Uhr: Der Hunger quält uns. Zwar haben wir Bergstöcke und Sicherungsseile ohne Zahl mitgenommen, doch unseren Proviant vergessen. Wir wissen nicht, wann wir wieder etwas zu beißen bekommen werden. Rainhold erklärt, dass ich ihn – sollte es hart auf hart kommen – als Erster essen dürfe. Diese Opferbereitschaft rührt mich tief.

15.47 Uhr: Als er seine Notdurft verrichten will, humpelte Rainhold ein paar Schritte zur Seite. Dabei erklimmt er versehentlich den Gipfel. Ich eile hinterher. Als ich mit ihm unseren Erfolg feiern will, starrte Rainhold auf seinen Handybildschirm. Der Empfang ist auch auf dem Gipfel hervorragend. Rainhold erzählt, dass es in der Schweiz einen Berg namens Jungfrau gebe, der tatsächlich eine Herausforderung darstellt. Der Jungfernberg im Lieper Winkel hingegen ist nur Stoff irgendwelcher Legenden. Warum ist das Leben zu Männern, die bereit sind an ihre Grenzen zu gehen, immer so grausam?

16.01 Uhr: Rainhold hat auf dem Gipfel einen Schlitten entdeckt, auf dem er fluchend ins Tal rodelt. Bevor ich wieder hinabsteige, lasse ich meinen Blick über das beeindruckende Panorama schweifen.

Adresse 17406 Rankwitz, Google-Map-Code XW2H+XF Rankwitz | **ÖPNV** Bus 282, Haltestelle Rankwitz-Quilitz | **Anfahrt** B 110 Suckow, am Baum mit der Nummer 154 gibt es eine Haltebucht | **Tipp** Am Zirowberg bei Heringsdorf steht sogar ein Aussichtsturm (Google-Map-Code W5HV+7H Heringsdorf).

49 Kiki's Bootsverleih

Wenn die Sonne im Meer versinkt

Sonnenuntergänge sind auf Usedom ein großes Thema. Der glutrote Himmel und tief hängende Wolken über Wellen und Baumwipfeln bieten ein atemberaubendes Schauspiel, das immer wieder Künstler inspiriert, zum Pinsel zu greifen.

Und fast jeder, der schon auf Usedom war, hat seine persönliche Lieblingsstelle, von der aus betrachtet der Sonnenuntergang so viel beeindruckender ist als von anderen Stellen der Insel. Einige meinen zum Beispiel, das sei am Strand der Ostseeküste der Fall. Was, wenn man nur von Abendstimmung spricht, sicherlich seine Berechtigung hat. Aber am Achterwasser – also an der Westseite der Insel – sind die Aussichten auf einen beeindruckenden Sonnenuntergang um ein Vielfaches größer, außerdem machen die kurvigen, schilfbewachsenen Küstenränder mehr her.

Besonders rekordverdächtig, was Sonnenuntergänge angeht, ist die Gegend um Loddin, weil hier die Insel am schmalsten ist und man – wenn man denn will – kurz nacheinander in beide Richtungen aufs Wasser gucken kann. In Loddin gibt es außerdem Kiki's Bootsverleih. Das heißt, hier können Boote ausgeliehen werden, Ruderboote zumeist, aber auch lustige Tretboote, die wie Schwäne aussehen. Wer nicht rudern oder treten will, kann sich auch einfach unter einen Sonnenschirm setzen, ein Bierchen zischen und auf den Sonnenuntergang warten. Wem das nicht reicht, für den gibt es am Wasser eine Empore, ungefähr so hoch wie ein Balkon im ersten Stock. Da kann man hinaufsteigen und den atemberaubenden Sonnenuntergang genießen.

Kiki's Bootsverleih geht sogar so weit, dass der Hausherr eine Sonnenuntergangs-Garantie gibt. Nicht ohne Grund. Der Verfasser hat es selbst erlebt: einen Sonnenuntergang von beeindruckender, geradezu majestätischer Erhabenheit. Nur, wie soll man das dokumentieren, wenn ausgerechnet an diesem Abend die Kamera nicht zur Hand ist? Und beim nächsten Versuch der Himmel bedeckt? Tja, da hilft nur: Selbst vorbeischauen und sich überzeugen!

Adresse Dorfstraße 23, 17459 Loddin, www.kikis-bootsverleih.de, Google-Map-Code 2293+RX Loddin | ÖPNV Bus 283, Haltestelle Loddin | Anfahrt B 111 Loddin | Öffnungszeiten Bootsverleih 10–20.30 Uhr; warme Küche ab 11.30 Uhr, Do geschlossen | Tipp Das Loddiner Höft (Google-Maps-Code 2263+HJ Loddin) ist ein Aussichtspunkt ganz in der Nähe, der sich ebenfalls sehr gut für das Betrachten des Sonnenuntergangs eignet.

50__Das Waterblick

Ein Restaurant mit Weitblick

Das Waterblick ist ein Restaurant, das auf der ganzen Insel bekannt ist. Was nicht zuletzt daran liegt, dass der Chef des Hauses dem Unternehmen mit all seinen Ideen einen unübersehbaren Stempel aufdrückt. Das Waterblick wurde 1990 gegründet. In und auch vor dem Restaurant gibt es jede Menge Lokalpatriotismus. Die Pommernflagge weht, am Eingang befindet sich eine historische Milchrampe mit historischen Kannen. Daneben eine pommersche Wetterstation, die zwar nur aus einem Stein besteht, aber garantiert bei jedem Wetter funktioniert.

Zu Beginn des dritten Jahrtausends trieb Boss Peter Noack neben anderen Dingen eine Sache um: Er wollte den nördlichsten Weinberg Deutschlands besitzen. Nun sind dem Verfasser dieses Werks derlei Ambitionen nicht fremd. Als er über 111 Orte in Nordholland schrieb, traf er zwei nordlichternde Winzer – einer aus Texel, einer aus Groningen –, die ebenfalls dem Klima trotzen wollten und Weinberge sahen, wo eigentlich kein Wein wachsen konnte. Aber im Vergleich zu den Vorhaben am Waterblick war das Pillepalle. Möglicherweise gibt es auf Texel mehr Rebstöcke, als es am Waterblick je gab. Dort ist man über 99 Stück nie hinausgekommen, aber dafür hatte Holland nie eine Weinkönigin. Die hingegen wurden auf Usedom schon 2001 gekürt, noch bevor 2002 die ersten Reben geerntet werden konnten.

Mit dem Weinberg war es irgendwann vorbei, aber der Chef, der sich nicht nur um seine Leute kümmert, sondern – wenn Not am Mann ist – sich auch als guter Geist des Ortes erweist, hatte noch ein Ass im Ärmel. Ständiger Botschafter des Lissabonner Portwein-Instituts war er sowieso schon, aber 2013 wurde dann noch nachgelegt und das »Europäische Rumpottinstitut« gegründet. Was dann zur Anschaffung des größten Rumpotts der Welt – Kapazität 1.000 Liter – führte. Der Weinberg hat inzwischen das Zeitliche gesegnet, aber der Rumpott steht immer noch vor dem Eingang.

Adresse Am Mühlenberg 5, 17459 Loddin, www.waterblick.de, Google-Map-Code 2294+VV Loddin | **ÖPNV** RB 23, Haltestelle Stubbenfelde; Bus 283, Haltestelle Loddin | **Anfahrt** B 111 Loddin | **Öffnungszeiten** Di–Sa, warme Küche ab 11.30 Uhr | **Tipp** Im Café Knatter in der Hauptstraße 36 in Ückeritz kann man auch gleich Windsurfen lernen.

51 Die Pferdeköpfe

Eine ölige Geschichte

Los ging alles in Reinkenhagen, einem Dorf zwischen Stralsund und Greifswald. Hier wurde 1961 Erdöl gefunden, und bald entdeckte man, dass sich die Erdölvorräte von der Halbinsel Fischland bis nach Usedom erstreckten. Wer angeben will, kann hier das Adjektiv »herzynisch« verwenden, denn damit lässt sich vieles beschreiben, was sich von Nordosten nach Südwesten erstreckt.

Am 15. November 1965 wurde man auf Görmitz, einer Insel im Achterwasser, zum ersten Mal fündig. Von 1966 bis 1970 folgten 30 weitere Bohrungen, bei denen man 20 Mal auf Erdöl stieß. Inzwischen wurde das Erdölfeld nicht mehr als »Görnitz«, sondern als »Lütow« bezeichnet.

In den 1970er Jahren wurden hier Hunderttausende Tonnen Erdöl gefördert, allerdings sank die Fördermenge bald wieder. Trotzdem waren selbst ein paar tausend Tonnen besser als nichts. Die Frage war nur: Wie kriegt man das Zeug weg? In Reinkenhagen setzte man auf Kesselwagen, da es auf Usedom keine brauchbare Eisenbahnverbindung zum Festland mehr gab (siehe Orte 36 und 99). Ein Abtransport des Öls mit Tanklastwagen hätte den Urlaubsverkehr zum Erliegen gebracht. Also wurde in Netzelkow ein Steg für Tanker gebaut, die das schwarze Gold nach Anklam brachten, von wo es dann mit Kesselwagen nach Schwedt transportiert wurde. Theoretisch hätte man mit den Tankern auch die Oder hinauf bis nach Schwedt schippern können, aber da Schwedt über keinen geeigneten Hafen verfügte, fiel diese Variante aus.

Mittlerweile gelten die in über zweitausend Meter Tiefe lagernden Erdölvorräte als so gut wie ausgeschöpft, mehr als ein paar tausend Tonnen dürften hier nicht mehr zu finden sein. Dafür wurden in der Gegend von Heringsdorf schon Anfang der 1980er Jahre Erdgasvorkommen entdeckt. Allerdings hält sich die Begeisterung für eine Ausbeutung bei den Leuten, die in der Nachbarschaft wohnen, in überschaubaren Grenzen.

Adresse Kirchstraße, 17440 Lütow, Google-Map-Code 2WJ6+J3 Lütow | ÖPNV Bus 273, Haltestelle Lütow Neuendorf | Anfahrt B 111 Zinnowitz, Abzweig Lütow | Tipp An der Mühlenbergstraße steht ein weiterer Pferdekopf.

52 Das Atelier

Die Kunst, das Meer und der Lebenskünstler

Die Ostsee hat es Künstlern von Weltrang schon immer angetan. Die Literaturnobelpreisträger Thomas Mann und Günter Grass wurden durch ihre Heimatstädte geprägt, viele Ostseebäder können sich mit Künstlernamen schmücken. Thomas Mann war zwar auch mal auf Usedom, aber letztlich gefiel es ihm in Nidden an der Kurischen Nehrung besser. Und Gerhart Hauptmann bevorzugte Hiddensee. Doch auch Usedom hat seine Portion Künstler abbekommen, wie man heute unter anderem an der Lyonel-Feininger-Radtour erkennen kann. Aber es gab noch einen Künstler, der nicht nur im Urlaub kurz vorbeischaute, sondern Jahrzehnte seines Lebens hier verbrachte.

Otto Niemeyer kam, wie man heute sagen würde, vom Völkerrecht – im Ernst: Sein Vater war Völkerrechtler. Er wurde in Kiel geborgen, stammte also aus Holstein, weshalb er seinen Familiennamen zu einem Doppelnamen erweiterte. 1930 zog er von Berlin auf die Insel. Er ließ sich an der schmalsten Stelle zwischen Ostsee und Achterwasser nieder. Angeblich soll der Name Lüttenort von Niemeyers Segelboot herrühren, aber genauso gut könnten die Norddeutschen auch schon vor seiner Ankunft darauf gekommen sein, das kleinste Stück Land der Insel so zu nennen.

Als Niemeyer auf der Insel eintraf, brachte er einen ausrangierten S-Bahn-Waggon mit, den er wohl in Berlin für 60 Reichsmark erworben hatte und nach und nach zu seinem Wohnhaus und Atelier ausbaute. Auf Usedom fand der Maler selbstredend jede Menge Motive; unübersehbar ist seine Liebe zum Meer.

Sein Nachlass und seine Wirkungsstätte werden in Lüttenort bewahrt, im Garten sind auch einige Skulpturen zu bewundern. Und bei Führungen gibt es jede Menge Anekdoten dazu. Denn Niemeyer war nicht nur ein großer Künstler, sondern auch eine unverwechselbare Persönlichkeit. Ohne die Geschichten, die sich um seine Werke ranken, wäre das Bild dieses Mannes nicht komplett.

Adresse Lüttenort 1, 17459 Koserow, www.atelier-otto-niemeyer-holstein.de, Google-Map-Code 3X7G+Q9 Koserow | ÖPNV Bus 283, Haltestelle Zempin | Anfahrt B 111 Lüttenort | Öffnungszeiten Atelier und Garten: Mitte April–Mitte Okt. Di–So 11–17 Uhr, Mitte Okt.–Mitte April Mi–So 11–16 Uhr (Galerie im Herbst zeitweise geschlossen); Termine für Führungen durch Wohnräume und Atelier siehe Webseite | Tipp Das Grabmal von Otto Niemeyer-Holstein kann auf dem Friedhof von Benz besucht werden. Der Grabplatz ist am besten über den Mühlenweg zu erreichen, aber die offizielle Anschrift des Friedhofs ist auch sehr schön: Frohe Zukunft 8.

53 Der Botanische Garten

Sag mir, wo die Blumen sind

Das Landgasthaus Klein wurde 1992 am Chausseeberg in Mellenthin eröffnet. Seitdem hat es sich bei Freunden regionaler Küche einen guten Namen gemacht. Aber das Lokal hat noch mehr zu bieten. Seit 2009 existiert der Botanische Garten Mellenthin, der das Gasthaus umgibt und mittlerweile zu einem beeindruckenden Publikumsmagneten geworden ist.

Der Botanische Garten ist das Produkt purer Privatinitiative, mittlerweile ist er der größte in Vorpommern. Auf 60.000 Quadratmetern wachsen 50.000 Pflanzen, etwa 1.000 verschiedene Sorten. Die Pflanzen sind auf Deutsch, Latein und Polnisch beschriftet. Das Areal ist in zehn Themengärten unterteilt. Das geht beim Grünen Garten los, mit dem frühen Blumengarten weiter und ist beim Rosengarten noch lange nicht zu Ende. Die Wege, auf denen man von einem Garten zum anderen wandeln kann, sind insgesamt vier Kilometer lang. Der Botanische Garten ist so konzipiert, dass man bei jedem Themengarten in eine neue Welt eintaucht und sich ständig neue Reize ergeben, selbst wenn man das Gelände nur einen Tag besucht. Am besten ist es natürlich, wenn man regelmäßig vorbeikommt und dabei beobachtet, wie die Natur im Lauf der Jahreszeiten ihr Antlitz verändert.

An den Teichen zwischen den Erlebnisgärten wachsen Wasserpflanzen. Auf den Gastflächen zwischen den Beeten stehen Tische und sogar ein Strandkorb, daneben gibt es einen Steingarten und Spielplätze, auf denen Kinder herumtollen können. Auf den Liegewiesen lässt es sich wunderbar picknicken. Im Garten begegnet man auch Tieren, zum Beispiel zutraulichen Zwergziegen, aber auch einem Pfau, der auf den Namen »Adam« hört und – wenn er sich beobachtet weiß – auch gern mal ein Rad schlägt.

Wer den Landgasthof besucht, muss für den Botanischen Garten keinen Eintritt bezahlen. Hunde sind aus naheliegenden Gründen im Botanischen Garten Mellenthin nicht erwünscht.

Adresse Chausseeberg 1, 17429 Mellenthin, www.landgasthaus-klein.de, Google-Map-Code W258+CX Mellenthin | ÖPNV Bus 282, 283, Haltestelle Botanischer Garten | Anfahrt B 110 Mellenthin | Öffnungszeiten Garten: Mai–Okt. täglich 10–20 Uhr; Landgasthaus: täglich 10–22 Uhr | Tipp Wer auf den Geschmack gekommen ist: In der Blumenwerkstatt in Bansin (Seepark 13) gibt es eine große Auswahl an Schnittblumen und Gebinden.

54__Der Fliegerclub

Über den Wolken

Vor Corona gab es auf Usedom einige Angebote, die in Richtung Abenteuerurlaub gingen. Man konnte beispielsweise vor der Küste in Wracks hinabtauchen. Derzeit gibt es keinen Tauchanbieter mehr auf der Insel, der nächste Tauchclub befindet sich in Wolgast. Rundflüge in historischen Maschinen, lange Zeit für aktive Planespotter ein Highlight, stehen wohl derzeit auch nicht auf dem Programm. Tandem-Fallschirmsprünge werden wohl noch angeboten, aber laut Webseite sitzt der Anbieter auf dem Festland und nutzt wohl nur die örtlichen Fazilitäten. Heißt das etwa, die Zeit des aktiven Abenteuerurlaubs auf Usedom ist vorbei? Mitnichten.

Zum Glück gibt es noch den Fliegerclub in Mellenthin, der diese Lücken füllen kann. Von außen macht der Fliegerclub nicht viel her, es gibt ein paar Verwaltungsgebäude, eine Flugplatzfläche und ein paar halbrunde Hallen, die als Hangars dienen und früher die Kinos der Zeltplätze beherbergten. Das Flugfeld ist eine große Wiese.

Doch von dem Understatement im Ambiente sollte man sich nicht täuschen lassen. Beim Usedomer Fliegerclub, wie der Verein vollständig heißt, sind Profis am Werk, die viel über die Fliegerei wissen und gern bereit sind, ihr Know-how zu teilen. Möglich ist auf dem Flugplatz vieles: Gleitflüge in Hanggleitern, Modellflüge, Fallschirmsprünge und »richtiges« Fliegen in Ultraleichtflugzeugen.

Der Verein besitzt eine Maschine, auf der auch ausgebildet wird: Die zweisitzige Ikarus C 42 ist das beliebteste Leichtflugzeug in Deutschland.

Rundflüge und Ballonfahrten stehen ebenfalls auf dem Programm. Wer neugierig geworden ist, kann sich die ganze Sache erst mal in Ruhe angucken oder einen Schnupperflug buchen. Und selbst wer gar nichts mit der Fliegerei am Hut hat, sollte wenigstens ab und zu die Webseite des Clubs besuchen, denn hier findet sich der aktuellste und genaueste Wetterbericht der ganzen Insel.

Adresse Flugplatz, 17429 Mellenthin, https://usedomerfliegerclub.de, Google-Map-Code W29G+PX Mellenthin | **ÖPNV** Bus 283, Haltestelle Mellenthin | **Anfahrt** B 111 Mellenthin | **Tipp** Wer nicht auf der Insel fliegen will, aber zu ihr hin: Der Flughafen Heringsdorf (Am Flughafen 1, 17149 Zirchow, IATA-Code HDF) wird von immerhin vier Airlines angeflogen.

55 Das Wasserschloss

Das Schloss im Herzen der Insel

Auf Usedom gibt es drei Schlösser: in Pudagla, Stolpe und Mellenthin. Das Wasserschloss in Mellenthin ist das bekannteste – und das völlig zu Recht. Es ist mehrere Jahrhunderte alt, gehörte einst dem schwedischen Adelsgeschlecht Oxenstierna, aus dem der Kanzler stammte, der die Teilnahme des Schwedenkönigs Gustav II. Adolf am Dreißigjährigen Krieg finanzierte. Aber warum das Publikum mit Dingen langweilen, die sowieso jeder auf dem Schirm hat?

Eine andere Legende, die sich um das Wasserschloss rankt, erzählt von einem langen Geheimgang, der das Schloss mit dem Kloster Pudagla verbinden sollte – und vielleicht sogar noch verbindet. Der Zweck des Gangs wird noch diskutiert. Wer den Mönchen wohlwollend gegenübersteht, meint, durch diesen Gang könnten Verfolgte und Bedrängte in den Schoß der Kirche geflohen sein. Eher kirchenkritische Medien vertreten die These, dass der Gang von Mönchen genutzt wurde, wenn sie jenseits der Klostermauern irdischen Bedürfnissen nachgehen wollten.

Fakt ist, dass sich das Wasserschloss seit 2001 im Besitz der Familie Fidora befindet. Im Lauf der Jahre haben sie eine Erlebniswelt geschaffen, die auf der Insel ihresgleichen sucht. Das betrifft vor allem die Gastronomie. Es gibt im Haus eine eigene Brauerei und sogar eine Kaffeerösterei. Bezeichnend für diese Einrichtungen ist, dass sie einerseits helfen, die Mägen der Gäste zu füllen und ihre Gaumen zu erfreuen, aber andererseits auch der Unterhaltung dienen, denn sowohl Brauerei als auch Rösterei können besichtigt werden.

Der Wassergraben, der das Schlossgelände vom Rest der Insel trennt, ist nicht breit. Aber wer ihn überschreitet und an der Schranke den Brückenzoll entrichtet, betritt eine eigene Welt. Auf dem Programm des Hauses stehen darüber hinaus Ritterspiele und andere Events. Und wenn abends der Schlosshof vom Schein der Fackeln erhellt wird, fühlt man sich in eine andere Zeit versetzt.

Adresse Schlossallee 5, 17429 Mellenthin, www.wasserschloss-mellenthin.de, Google-Map-Code W2F 8+MQ Mellenthin | **ÖPNV** Bus 281, 282, Haltestelle Wasserschloss Mellenthin | **Anfahrt** B 111 Mellenthin | **Öffnungszeiten** täglich ab 11 Uhr, warme Küche 12–20 Uhr, Veranstaltungen siehe Webseite | **Tipp** Das Schloss in Stolpe ist nicht so imposant und beeindruckend wie das Wasserschloss, aber nichtsdestotrotz sehenswert. Witzig: die Schweineskulpturen im Schlossteich.

56 Die Destillerie

Eine geistreiche Angelegenheit

Vorbemerkung: Wenn Ihnen die Überschrift zu gewollt geistreich erscheint, dann halten Sie dem Autor bitte zugute, dass er auf Wortspiele mit »Schnapsidee« etc. verzichtet hat.

Es gibt Bierbrauer, die einfach weitermachen müssen, wenn sie ihr Bier fertig gebraut haben. Und die bieten dann Bierbrände an, also Spirituosen aus frisch gebrautem Bier. Oder, wer es lieber französisch mag: Eau de vie de bière. Und jetzt üben wir uns mal in Assoziationen. Wenn zu den traditionellen Bierbrauern, die auch Spirituosen herstellen, seit geraumer Zeit Craftbier-Brauer hinzugetreten sind, dann war doch zu erwarten, dass es früher oder später auch Craftbier-Destillateure geben würde.

Man könnte sagen, Joern Schapke ist einer von ihnen. Er kommt eigentlich aus der IT-Branche, wo man ja – wenn man ein Händchen dafür hat – ein gewisses Vermögen aufbauen kann, das manch einer dann in einen Fußballclub, ein anderer in eine Galerie steckt. In ganz so großen Dimensionen lief es bei Joern Schapke nicht, aber nach den digitalen Welten, die nur aus Nullen und Einsen bestehen, wollte er sich wieder einmal etwas Handfestem widmen. Und als er in Mölschow den alten Gutshof entdeckte, wusste er, dass er nun einen Ort gefunden hatte, an dem er seine Träume verwirklichen konnte.

Das rote Backsteingebäude wurde 1910 erbaut. In den letzten Jahren wurde es vielfältig genutzt, etwa für Jugendarbeit, aber auch als Kulturhof mit Schauwerkstätten. So steht die Adresse auch heute noch mit dem Zusatz »dauerhaft geschlossen« im Netz, was aber Quatsch ist, denn die Destillerie mit ihren Produktionsräumen – das große kupferne Ding nennt man Brennblase – nebst Café ist geöffnet und springlebendig. Und nachdem man in der Vergangenheit bereits mit Wodka und Gin reüssierte, kommt 2023 der erste Whisky auf den Markt. Das angeschlossene Café gefällt nicht nur denjenigen, die mit Hochprozentigem nix am Hut haben.

Adresse Trassenheider Straße 7a, 17449 Mölschow, www.usedomdestillerie.de, Google-Map-Code 3RHM+FP Mölschow | **ÖPNV** Bus 272, Haltestelle Mölschow Ort | **Anfahrt** B 111, Abzweig Richtung Mölschow | **Öffnungszeiten** Mi–So 13–17.30 Uhr, Führungen mit Verkostung über die Webseite buchbar | **Tipp** Im Usedomer Brauhaus am Friedensplatz in Heringsdorf gibt es inseleigene Biersorten.

57 Das Mausoleum

Baue(r)n für die Nachwelt

Es ist nicht so, dass man im Hinterland der Ostsee alle naselang auf Mausoleen stößt, aber ein Unikat ist das Mausoleum auf dem Friedhof in Mönchow auch nicht. In Klütz steht das Mausoleum des Grafen Bothmer, in Plau am See das des Großgrundbesitzers Schlutius, in Koblentz – nicht zu verwechseln mit der Stadt, die nur auf z endet – wurde ein Mausoleum zu einer Kirche umgewidmet. Aber das alles waren Grabstellen von Großkopferten. Carl Dannefeldt, der das Mausoleum in Mönchow erbauten ließ, war ein Bauer. Ein wohlhabender zwar, aber dennoch weit davon entfernt, zu den oberen Zehntausend zu gehören.

Als Pommern 1871 Teil des Deutschen Reiches wurde, galt es immer noch als rückständig. Pommern lag quasi hinterm Mond. Das Einzige, was für Bismarck an Pommern interessant war, waren die Grenadiere, aber selbst deren Knochen wollte er nicht um jeden Preis verheizen. Doch Pommern bot noch einen Vorteil: Böden, die oft fruchtbarer waren als in anderen Landesgegenden. Da gegen Ende des 19. Jahrhunderts die Bevölkerung sprunghaft anstieg, wurden auch Gehöfte wie die von Carl Dannefeldt immer größer. Mehr und mehr Getreide konnte geerntet werden, am Ende des Jahrhunderts hatte sich der Viehbestand in der Region fast verdoppelt.

Carl Dannefeldt war nun vermögend genug, um sich selbst ein Denkmal setzen. Zwar würde sein Mausoleum eher am Rand liegen, aber was machte das schon, solange es eine Grabstätte wie bei den echten Edlen war. Dannefeldt fuhr nach Swinemünde zu Maurermeister Pistorius. Der war 1858 als Geselle aus Pasewalk gekommen und nach Swinemünde eingewandert und hatte in der Stadt sein Vermögen gemacht – wie Dannefeldt auf dem Land. Der zahlte 25.000 Reichsmark für Bau und Entwurf. Pistorius wählte Sandstein als Material und Neobarock als Stil, wie er damals vor allem bei Theaterbauten üblich war. Das Ergebnis kann sich auch heute noch sehen lassen.

Adresse Friedhof, 17406 Mönchow, Google-Map-Code RVVC+V5 Usedom | ÖPNV Bus 287, Haltestelle Usedom-Mönchow | Anfahrt B 110 Karnin | Tipp Wer wissen will, wie Carl Dannefeldt gelebt hat, kann sich ein paar Kilometer weiter nördlich in Graventhin einmieten, zum Beispiel im Ferienhaus Gut Landleben.

58 Ghost

Außer Zeesen nichts gewesen

San Francisco, 1904. Jack London veröffentlicht den Roman »Der Seewolf«. In dieser Geschichte wird der Schiffbrüchige Humphrey van Weyden aus den Fluten gerettet. Doch unter Kapitän Wolf Larsen erlebt er ein Horror-Regime, das ihn so stark beeindruckt, wie es in der Verfilmung von 1971 Raimund Harmstorfs Faust mit der Kartoffel in der Kombüse des schmierigen Kochs Thomas Mugdridge tun wird.

Mönkebude, am Haff, Gegenwart. Käpt'n Alwin Harder unternimmt mit seiner »Ghost« Touren durchs Gewässer zwischen Usedom und dem Festland, wobei er seine Gäste jedoch nicht in Angst und Schrecken versetzt, sondern sie mit seinen Storys und Anekdoten verzaubert. Dabei geht es natürlich um die große Zeit der Zees(en) boote, aber auch um das Revier, in dem die »Ghost« bis hoch nach Karnin (siehe Ort 36) schippert.

Das Haff ist der Teil der Ostsee, der durch die Inseln Usedom und Wollin vom offenen Meer abgeschirmt wird. Das Quasi-Binnengewässer wird unterteilt in das Große Haff – das ist heute die polnische Hälfte – und das Kleine Haff, das auf der deutschen Seite liegt. Was die Oberfläche betrifft, ist das gesamte Haff ungefähr so groß wie die Insel Usedom. Mönkebude ist ein verträumtes Dorf mit einem Jachthafen, etwa sechs Kilometer westlich von Ueckermünde gelegen. Der Jachthafen ist modern, manche sagen, er gehöre zu den schönsten in der Region. Ha, nimm das, Kröslin (siehe Ort 43)!

Harders »Ghost« wurde 1925 erbaut. Der Zweimaster mit seinen braunen Segeln hat Seitenschwerter, ist also darin der Weißen Düne (siehe Ort 104) nicht unähnlich. Er bleibt jedoch unzweifelhaft ein Produkt der Region. Und – falls es jemanden interessiert – Zees oder Zeesen sind Fanggeschirre, die seitlich am Boot angebracht werden und ihm so zu seinem Namen verhalfen. Seit 2018 gelten Zees(en)-boote als Teil des Immateriellen Kulturerbes. Wer sich umschaut, wird sicher noch weitere Exemplare entdecken.

Adresse Hauptstraße 7, 17375 Mönkebude, www.segeln-stettiner-haff.de, Google-Map-Code QX8H+G9 Mönkebude | ÖPNV Bus 909, Haltestelle Mönkebude | Anfahrt B 109 Ducherow | Tipp Ist zwar an Land, aber gleich um die Ecke: der Skulpturengarten in Hoppenwalde in der Ueckermünder Straße 1c (www.skulpturengarten.net).

59 Die Dorfkirche

Dichtung und Wahrheit

Die Dorfkirche von Morgenitz erfüllt vor allem religiöse Zwecke, aber wer will, kann sie auch zum Fontane-Bashing benutzen. Denn in dessen Werken kommt die Morgenitzer Kirche auch vor. Allerdings wird dort ihr Glockenturm beschrieben, und so etwas gibt es an der Dorfkirche in Morgenitz gar nicht. Der Glockenstuhl steht frei im Garten, und so kann man, wie in einem Showroom, dem Glöckner bei der Arbeit zusehen.

Die Kirche ist schon sehr alt. Ihre Anfänge gehen auf das 14. Jahrhundert zurück. Erst gab es nur eine Kapelle, später kam immer wieder was Neues dazu. Gelegentlich musste auch repariert werden. Im 18. Jahrhundert wüteten zwei schwere Stürme, einer riss die Fenster heraus, der andere deckte das Dach ab. Doch statt sich von diesen Wetterkapriolen beirren zu lassen, setzten die Bewohner von Morgenitz ihr Gotteshaus einfach wieder instand und machten weiter.

Das Areal, auf dem die Kirche steht, ist überraschend klein. Am meisten beeindruckt ein Besuch an einem frühen Sonntagmorgen, wenn in Morgenitz noch niemand auf der Straße unterwegs ist und die Kirche in ihrer jahrhundertealten Bemoostheit stumm und stoisch an der Straßenecke ruht.

Gleich nebenan findet man einen kleinen Friedhof mit Grabkreuzen und Grabsteinen. Das ist nun bei einem Friedhof nicht überraschend, aber eine Besonderheit von Morgenitz ist, dass hier auf den Kreuzen nicht nur das Todesdatum, sondern auch die Todesursache vermerkt ist. Möglicherweise schlummerten in Morgenitz schon immer kriminalistische Ambitionen. Zu wissen, dass jemand gestorben war, war nicht genug. Man wollte auch wissen, warum. So gesehen lag es nahe, die benachbarte Töpferwerkstatt in den ersten Folgen des Usedom-Krimis der ARD als fiktiven Wohnsitz der ermittelnden Kommissarin zu wählen. Die Werkstatt ist auch der Grund, weshalb es Ende Juli in Morgenitz immer einen gut besuchten Töpfermarkt gibt.

Adresse Töpferstraße 50, 17406 Morgenitz, www.kirche-auf-usedom.de, Google-Map-Code WXG7+CQ Mellenthin | **ÖPNV** Bus 281, 282, 283, Haltestelle Mellenthin-Morgenitz | **Anfahrt** B 111 Mellenthin | **Öffnungszeiten** täglich; Gottesdienst einmal im Monat So 10 Uhr | **Tipp** Die St.-Petri-Kirche in der Kirchstraße 16 in Benz beeindruckt mit ihrem berühmten Tonnengewölbe.

60 Die Galerie im Hühnerstall

Von Buddha-Figuren und Bildern

Neeberg gehört verwaltungsmäßig zu Krummin (siehe Orte 45 und 46), aber es ist dennoch eine Welt für sich. In Neeberg gibt es die Galerie im Hühnerstall und den Feng-Shui-Garten. Beide Orte finden sich unter derselben Adresse, die Bezeichnungen werden gern synonym verwendet. Egal, ob als Galerie oder als Garten, der Fleck wird in beinahe jeder Beschreibung der Insel erwähnt, gewissermaßen als eine Art Seebrücke der Herzen, die von Usedom nicht mehr wegzudenken ist. Und das zu Recht.

Denn in der Galerie im Hühnerstall – oder im Feng-Shui-Garten – lebt der Geist weiter, den Otto Niemeyer-Holstein einst auf die Insel brachte. Die Freude am Entwerfen eigener Welten, ein sanfter Nonkonformismus, der Freiräume schafft und zumindest geistig und seelisch bereichert. Wer einen Euro berappt, kann im Garten lustwandeln. Die Schönheit liegt hier – wie meist – im Auge des Betrachters. Die einen sehen dort liebevolle, bis ins Detail ausgeklügelte Arrangements. Die anderen bemerken Unordnung.

Die Galerie wurde 1992 eröffnet. Damals war sie tatsächlich nur zwei mal drei Meter groß. Bilder, aber auch Collagen und Fotos zeigen Neeberg und die Insel, wie sie Margret Schreiber-Gorny sieht. Doch in der Galerie werden nicht nur Werke von ihr gezeigt, Kollegen können ihre Arbeiten – auch Plastiken, nicht nur Gemälde – hier ebenfalls ausstellen.

Der Feng-Shui-Garten wurde 2006 eröffnet. Wie beim Feng-Shui üblich, geht es hier nicht um vier, sondern um fünf Elemente: das Wasser, die Erde, das Holz, das Feuer und das Metall. Den Wegesrand säumt eine Buddha-Figur, der ganze Garten ist konsequent nach Feng-Shui-Prinzipien angelegt, was viel Pflege und Mühe erfordert. Er lässt sich als Oase der Ruhe beschreiben. Aber so wahnsinnig laut und hektisch geht es in Neeberg ja ohnehin nicht zu. Es geht eher darum, hier Kraft zu schöpfen und wieder ganz bei sich zu sein.

Adresse Neeberger Straße 9, 17440 Krummin-Neeberg, www.neeberg-galerie-fengshui.de, Google-Map-Code 2RQ8+JF Krummin | ÖPNV Bus 272, Haltestelle Krummin-Neeberg | Anfahrt B 111 Wolgast-Mahlzow | Öffnungszeiten in der Regel 11–17 Uhr | Tipp Zugegeben, ein bisschen um die Ecke gedacht: In Zinnowitz gibt es eine Discothek Hühnerstall mit einer etwas anderen Zielgruppe (Möskenweg 24).

61 Die Villa Kunterbunt

Hennen rennen (aber nicht immer)

Die Villa Kunterbunt ist ein Hofladen. Hier gibt es alles, was das Bio-Herz begehrt: Bio-Produkte in einer freundlichen, leicht verspielten Atmosphäre. Die Villa Kunterbunt tut darüber hinaus aber auch noch einiges für die Gemeinde. So steht auf der anderen Straßenseite ein alter Imkerwagen, der als Bienenmuseum fungiert. Hier kann man sehen, wie früher Honig gewonnen wurde.

Das ist die Außenansicht. Doch hinter der Villa Kunterbunt verbirgt sich auch ein Unternehmen, das am Ende des Tages auch wie ein solches funktionieren muss. Zum Betrieb gehören neben 130 Hochlandrindern und etlichen Schafen auch 600 Hühner. Letztere tragen entscheidend dazu bei, das Urlaubserlebnis auf Usedom zu verschönern. Wer in einem der Seetel-Hotels übernachtet und dort morgens sein Frühstücksei köpft, könnte es von einer der Hennen der Villa Kunterbunt bekommen haben. Aber wie hält man Hühner bei Legelaune, wenn man nicht wieder in die alten Angewohnheiten von Massenpferch und Enge zurückfallen will? Auf eBay entdeckte Axel Schwenn, der zusammen mit Anja Debniak die Villa Kunterbunt führt, einen mobilen Hühnerwagen. Der gefiel ihm sehr gut, und außerdem passte er hervorragend in sein Konzept. Schwenn transportierte den Wagen schließlich persönlich von Hannover nach Usedom und stellte ihn auf einer seiner Wiesen auf.

In dem Wagen finden 300 Hühner eine Bleibe, über eine Klappe können sie gehen und kommen, wann sie wollen. Wenn sie draußen sind, machen sie, was Hühner den ganzen Tag so machen: gackern, scharren und mit schräg gelegtem Kopf so gucken, als hätte man sie gerade gefragt, wie der zweite Hauptsatz der Thermodynamik lautet. Abends kehren sie dann in den Wagen zurück und legen dort ihre Eier. Ist die Wiese abgegrast, werden sie auf die nächste verfrachtet. Und dank des Wagens müssen sie nicht einmal dorthin laufen. Huhn müsste man sein!

Adresse Zinnowitzer Straße 6, 17440 Neuendorf, www.hofladen-usedom.de, Google-Map-Code 2VMQ+RJ Lütow | **ÖPNV** Bus 273, Haltestelle Lütow-Neuendorf | **Anfahrt** B 111 Zinnowitz, Abzweig Richtung Lütow | **Öffnungszeiten** Mo–Fr 10–17 Uhr, Sa 10–12 Uhr | **Tipp** Im Café Seelchen in Lütow (Zinnowitzer Straße 2) war auch schon große Politprominenz zu Gast.

62 Der Fährmann Gaede

Von Fairness und Fährmännern

Ganz ehrlich: Wie mit Fährmännern in der Literatur, der Kunst, ja sogar in der Popmusik umgegangen wird, ist nicht fair. Zwar tauchen sie in diesen Gefilden regelmäßig auf, aber meist nur als Metapher. Es stellt sich die Frage, ob all die Leute – erinnert sich jemand an Chris de Burgh (»Don't Pay the Ferryman«) –, die Fährleuten unterstellen, sie würden mitten auf dem Wasser den Preis neu verhandeln, tatsächlich im richtigen Leben schon mal einen Fährmann gesehen haben. Oder sehen wir uns die Sagenwelt an: Fähren, die den Menschen in das Totenreich bringen. Gesteuert von fahlen Gestalten, die mit Charonspfennigen bezahlt werden, welche dem Leichnam auf die Lider gelegt wurden. Das ist doch schauderhaft.

Wie sieht dagegen die Wirklichkeit aus? Im Süden Usedoms gibt es die Ost- und die Westklüne. Das sind zwei kleine Landzungen, die den Usedomer See vom Kleinen Haff fast – aber eben nur fast – abschneiden. Über das vielleicht 60 Meter breite Wasser führt keine Brücke und kein Steg. Man müsste, um auf die andere Seite zu gelangen, einen riesigen Umweg machen. Doch zum Glück gibt es Fährmann Gaede. Er kommt, wenn man klingelt, ruft oder antelefoniert.

Sein kleines blaues Boot wird mit Muskelkraft angetrieben. Es hat Platz für maximal zwei Passagiere und zwei Fahrräder. Die Gegend ist für Radtouren hervorragend geeignet, und wegen zweier verirrter Radfahrer wurde die Fähre einst ins Leben gerufen: Anstatt ihnen den Umweg zuzumuten, half ihnen Gaede spontan mit seinem Boot.

Ist der Transport bewerkstelligt, bezahlt man für die Überfahrt so viel, wie man für richtig hält, wünscht sich gegenseitig einen schönen Tag und geht seiner Wege. Und Fährmann Gaede wartet auf das nächste Klingeln, das nächste Telefonat oder einfach nur einen Ruf. Haben es Leute wie er tatsächlich verdient, dass sie in der Literatur- und Sagenwelt so mies dargestellt werden? Wohl kaum.

Adresse Ostklüne, 17406 Usedom, Tel. 0151/15358775, Google-Map-Code RWXC+C4 Usedom | **ÖPNV** Bus 287, Haltestelle Wilhelmshof-Usedom | **Anfahrt** B 110 Usedom | **Öffnungszeiten** einfach gesunden Menschenverstand walten lassen und nicht in aller Herrgottsfrühe oder mitten in der Nacht anrufen oder klingeln | **Tipp** Im ehemaligen Lotsenturm, der zum Hotel ausgebaut wurde, sind die Zimmer so rund wie das ganze Gebäude (Karnin 27, www.lotsenturm-usedom.de).

63 Der Duft- und Tastgarten

Der Duft der großen weiten Welt

Schuld war nur die Mirabelle. Eigentlich klingt der Name ja besser, als die ganze Frucht aussieht, am Ende des Tages ist es halt einfach auch nur eine gelbe Pflaume. Allerdings gibt es im Lassaner Winkel zwischen Pulow und Lassan eine lange Mirabellen-Allee. Da können die Früchte dann schon beeindruckend aussehen und inspirieren. Und heißt Mirabelle nicht auch »Die Wunderschöne«? Der Verein, der den Duft- und Tastgarten in Papendorf aufbaute, nennt sich jedenfalls Mirabelle e. V.

1997 bekam man vom Bürgermeister Land zur Verfügung gestellt, auf dem dann der Garten entstand. Das Konzept lässt sich einfach formulieren: Die Welt besser sehen und verstehen, indem man mehr riecht, schnuppert, betastet und erfühlt. Der Garten ist 5.000 Quadratmeter groß, und wenn man den Blick in die Runde schweifen lässt, hat man das Gefühl, dass es hier wirklich alles gibt. Das trügt, aber Fakt bleibt: Es gibt hier sehr, sehr viel. Der Duft- und Tastgarten zeigt die gesamte Pflanzenwelt, die der Heilkräuter, der Gewürzpflanzen und auch der Giftpflanzen.

Pflanzen einfach rausreißen sollte auch hier keiner, aber untersucht, gepflückt und gekostet werden darf schon. Am schönsten ist es natürlich, wenn man im Duft- und Tastgarten die Welt um sich herum vergisst. Das geht am besten mit verbundenen Augen, denn erst dann begreift man, wie sehr wir uns in unserem modernen Alltag auf das Sehen und Hören verlassen und dabei das Fühlen und Schnuppern vergessen. Und über manche Pfade läuft man sowieso am liebsten barfuß.

Nicht alle Pfade im Garten können barrierefrei gestaltet werden, aber es gibt Bereiche, wo das bereits geschehen ist. Die Tafeln an den Pflanzen sind zusätzlich in Blindenschrift verfasst. Und wer nicht nur staunen will, kann auch selbst mitmachen. Es gibt Beet-Patenschaften, und im April, zur Pflanzzeit, ist jede helfende Hand willkommen.

Adresse Am Weiher 9, 17440 Papendorf, www.mirabellev.de, Google-Map-Code XR26+3M Pulow | ÖPNV Bus 252, Haltestelle Lassan | Anfahrt B 110 Murchin | Öffnungszeiten Garten jederzeit zugänglich; Kiosk und Café Mi–So 11–17 Uhr | Tipp Der Naturkindergarten Lassaner Winkel mit Tipi liegt gleich um die Ecke (www.naturkindergarten-lassan.de).

64 Der Boot-Workshop

Für Self-Made-Kapitäne

Stellen Sie sich vor, Sie stranden auf einer einsamen Insel. So wie Robinson Crusoe. Oder Tom Hanks in »Cast Away – Verschollen«. Da können Sie erst mal viel Zeit damit verbringen, Ihr Schicksal zu beklagen und sich selbst zu bemitleiden. Dann können Sie religiös werden und sich fragen, ob Ihnen diese Prüfung auferlegt wurde, weil Sie irgendwelche Sünden begangen haben. Und am Ende wird alles auf die Frage hinauslaufen: Wie baue ich ein Boot? Wenn ich ein Boot bauen könnte, käme ich hier weg. Aber wo und wann hätte ich das lernen sollen?

Nun, in Ihrem Urlaub auf Usedom zum Beispiel. Seitdem Ursula Latus 2006 in Peenemünde ihren Boot-Workshop gründete, kann hier jeder lernen, wie man Boote baut, repariert und richtig auftakelt. Das geht von einfachen Kajaks über Kanadier bis hin zum Optimisten, einer Bootsklasse, die so gut wie alle kennen, die als Kind mit dem Segeln angefangen haben. Da es sich hier um eine kleine, aber trotzdem internationale Bootsklasse handelt, könnten am Ende mit dem Ergebnis der eigenen Mühen sogar Regatten gefahren werden.

Im Boot-Workshop werden nach einer kurzen Einweisung Baupläne vorgestellt, und das Material wird auch besorgt. Hat man sich entschieden, kann es losgehen. Gearbeitet wird im Team, und wenn alles glattgeht, dauert es weniger als eine Woche, bis das fertige Wasserfahrzeug bewundert werden kann. Dabei lernt man nicht nur eine Menge über die verschiedenen Bootsbautechniken, auch die Tatsache, dass man selbst Hand anlegt, kann im digitalen Zeitalter eine beeindruckende Erfahrung sein.

Doch wie sagt der Engländer: The proof of the pudding ist das Zu-Wasser-Lassen. Da zeigt sich dann, ob sich all die Mühe gelohnt hat oder vergebens war. Und wenn alles geklappt hat, ist Party angesagt. Es gibt schließlich mehr als einen Grund zum Feiern. Denn in ihrer Badewanne sind viele Kapitän, im selbst gebauten Boot nur wenige.

Adresse Fährstraße 1, 17449 Peenemünde, www.boot-workshop.de, Google-Map-Code 4QQ7+C5 Peenemünde | **ÖPNV** RB 24, Haltestelle Peenemünde | **Anfahrt** B 111 Trassenheide | **Öffnungszeiten** Kurstermine und Kontakt siehe Webseite | **Tipp** Im Dorfladen gleich um die Ecke in der Museumstraße gibt's jede Menge Proviant für die Reise.

65 Der Gustav-Adolf-Gedenkstein

Es geschah in einer Sommernacht

Es ist der 4. Juli 1630. Kurz nach dem Mittsommerfest. Am Peenemünder Haken landet der schwedische König Gustav II. Adolf auf der Insel. Ein Moment für die Geschichtsbücher. Aber mit Booten und Anlandungen hat es der König nicht so. Vor zwei Jahren ging die »Wasa«, der Stolz seiner Flotte, bei der Jungfernfahrt unter, und auch an diesem Tag hat der Schwedenkönig Pech. Er rutscht auf der Leitplanke aus und verletzt sich am Knie. Wer das als böses Omen für das gesamte Unternehmen sieht, wird jedoch enttäuscht.

Gustav Adolf war nach Deutschland gekommen, um die Protestanten davor zu retten, von den Katholiken wieder aus dem Land gedrängt zu werden, und das gelang ihm im Großen und Ganzen auch. Darüber hinaus hatte Gustav Adolf aber noch andere Interessen. Land erobern zum Beispiel. Nach dem Westfälischen Frieden fielen weite Teile Pommerns unter schwedische Herrschaft, in einigen Gegenden hielt sich die neue Macht sogar bis in die Zeit Napoleons.

Zwar war Pommern nun besetzt, aber die meisten Leute waren ganz zufrieden. Schwedisch musste außer höheren Beamten niemand lernen, die örtlichen Gesetze galten weiterhin, und auch sonst ließen die neuen Herren ihre Untertanen in Ruhe. Die Legende, dass sie einst darauf drangen, den Greif auf der Landesflagge durch einen Inbusschlüssel zu ersetzen, ist genau das: eine Legende. Die Bemerkung, dass sie nun »Südschweden« seien, quittierten die Pommern mit einem Lächeln.

1930 errichteten deutsche Verehrer des Schwedenkönigs einen Gedenkstein, der an die Landung Gustav Adolfs auf Usedom erinnern soll. Da das Gebiet kurz darauf für Jahrzehnte zum Sperrgebiet wurde, konnten die wenigsten den Stein besuchen. Nun ist das jedoch wieder möglich. In der Kapelle wird heute zu Frieden und Versöhnung aufgerufen.

Adresse Bahnhofstraße 1, 17449 Peenemünde, Google-Map-Code 4QQC+VH Peenemünde | **ÖPNV** RB 24, Haltestelle Peenemünde | **Anfahrt** B 111 Trassenheide | **Tipp** Von Swinemünde gibt es eine direkte Verbindung nach Trelleborg in Schweden.

66 Das Museum

Zwischen Himmelsstürmern und Hölle

Wer will, kann hier durchaus eine Fabel mit Moral erkennen. Nach dem Ersten Weltkrieg verbot der Versailler Vertrag Deutschland, Panzer und schwere Artillerie zu besitzen. Man erhoffte sich dadurch, Deutschlands Aggressionspotenzial einzudämmen und Frankreichs Hegemonie über den Kontinent zu sichern. Die Auswirkungen waren folgende: Vorarbeiten für neue Panzertypen wurden heimlich in Russland durchgeführt, statt an Kanonen zu forschen, wurde in Raketentechnik investiert, die damals noch in den Kinderschuhen steckte und von den wenigsten ernst genommen wurde.

Nach der Machtübernahme der Nazis wurden die Forschungen unter der Leitung von Wernher von Braun intensiviert, ein Schwerpunkt war die Heeresversuchsanstalt in Peenemünde, wo unter anderem die Versuchsrakete A 4 (A stand für Aggregat) aufstieg, die später als V 2 auf englische Städte regnen sollte. Nach der Kapitulation ging Wernher von Braun in die USA, um dort Weltraum- und Interkontinentalraketen zu entwickeln. Teile seines Teams – nicht so prominent, aber nicht zwangsläufig inkompetent – gingen, nicht unbedingt freiwillig, in die Sowjetunion, um dort an der östlichen Variante zu arbeiten.

Das Gleichgewicht des Schreckens, das den Kalten Krieg dominierte, nahm also hier seinen Anfang. Im Museum von Peenemünde bemüht man sich engagiert, allen Facetten dieser manchmal verhängnisvollen Historie gerecht zu werden. Das gelingt.

Und auch in der jüngeren Geschichte Usedoms gibt es Meldungen in Sachen Raumfahrt, die einfach nur heiter sind und auf denen kein Schatten liegt. Im September 2022 lud die NASA einen Lehrer aus Ahlbeck ein, um am SOFIA-Flug teilzunehmen. Die Abkürzung steht für »Stratospheric Observatory For Infrared Astronomy«, dabei ging es um ein Teleskop. Der Flug führte bis in die Stratosphäre. Das ist zwar noch keine echte Raumfahrt, aber höher als Verkehrsflugzeuge fliegen.

Adresse Im Kraftwerk, 17449 Peenemünde, www.museum-peenemuende.de, Google-Map-Code 4QQ8+82 Peenemünde | **ÖPNV** RE 24, Haltestelle Peenemünde | **Anfahrt** B 111 Trassenheide | **Öffnungszeiten** April–Sept. täglich 10–18 Uhr, Okt.–März täglich 10–16 Uhr, Nov.–März So geschlossen | **Tipp** Im Peenemünder Hafen liegt ein ausgemustertes Raketenschiff sowjetischer Bauart, das besichtigt werden kann (www.tarantul-peenemuende.de).

67 Die Phänomenta

Physik zum Anfassen

Die Phänomenta in Peenemünde wurde im Jahr 2000 eröffnet. Am Anfang gab es dort 20 Experimente zum Ausprobieren, jetzt sind es über 200, die sich auf 2.500 Quadratmetern tummeln. Formuliere die Formel, mit der sich die Entwicklung der Anzahl der Experimente in der Phänomenta ausdrücken lässt!

Genau das ist es, was die Phänomenta *nicht* will. Keine trockene Physik. Keinen Formelkram. Kein Theoretisieren. Die Macher führen ihren didaktischen Ansatz bis auf den englischen Renaissance-Philosophen Francis Bacon zurück, der in seinen Schriften ein Haus forderte, in dem Menschen physikalische Phänomene erfahren und erleben können. Mittlerweile gibt es mehr als ein Haus dafür, die Phänomenta hat neben Peenemünde auch noch Außenstellen in Bremerhaven und Lüdenscheid.

Angefangen hat alles in den 1980er Jahren in Flensburg. Dort überlegte Prof. Dr. Lutz Fiesser, ob didaktische Stationen das Verständnis für Physik verbessern könnten. Das Experiment glückte, und als die Stationen zu groß für die Uni wurden, gliederte man sie aus.

Das Motto des Hauses lautet: »Forschen x Neugier = Spaß hoch zwei«. Hier dürfen Kinder, was ihnen sonst untersagt ist: ausprobieren, rumschrauben, staunen. Hier bewahrheitet sich wieder einmal die alte Erkenntnis, dass Dinge am besten begriffen werden, wenn man nach ihnen greifen kann. Der Erfolg des Mitmach-Museums steht und fällt damit, wie unterhaltsam physikalische Prinzipien verpackt werden. Denn bei Licht besehen – Experimente zum Thema optische Täuschungen gibt es natürlich auch – sind physikalische Formeln einfach nur das: Formeln. Doch wer Hebelgesetze an Flaschenzügen ausprobieren darf und Schallwellen an einer Pauke nachvollziehen kann oder beim Murmeln was über die Schwerkraft lernt, findet Physik am Ende vielleicht doch nicht so trocken. Und dabei war noch nicht mal die Rede von dem Astronautentrainer.

Adresse Museumstraße 12, 17449 Peenemünde, www.phaenomenta-peenemuende.de, Google-Map-Code 4QQC+53 Peenemünde | **ÖPNV** RB 24, Haltestelle Peenemünde | **Anfahrt** B 111 Trassenheide | **Öffnungszeiten** täglich 10–18 Uhr | **Tipp** Während man in der Phänomenta den Lerneffekt nie aus den Augen verliert, geht es im »Museum der Illusionen« in Ückeritz mehr um den Schaueffekt, aber das kann ja auch interessant sein (Zum Achterwasser 4b).

68__Der Außendreh

Mit Bond am Strand

Usedom spielte schon in unzähligen Dokumentarfilmen und Fernsehreportagen eine Hauptrolle, doch im März 2009 kam eine neue Herausforderung auf die Insel zu. Zum ersten Mal würde Usedom in einer Hollywood-Produktion eine tragende Rolle übernehmen. Die Insel sollte in dem Film »Der Ghostwriter« die etwa halb so große amerikanische Insel Martha's Vineyard verkörpern, die, so wie früher die Kaiserbäder, ein Tummelplatz der Reichen und Schönen ist.

Regie führte bei dem Streifen Roman Polanski, der die Vereinigten Staaten aus Gründen, gegen die Me-too-Vorwürfe wie Lappalien aussehen, meidet. Gemeinsam mit seinen Hauptdarstellern Kim Cattrall, Pierce Brosnan und Ewan McGregor reiste er auf die Insel. Man speiste unter anderem im Smutje Zinnowitz, wo zu Ehren der Stars für eine Weile sogar Gerichte umbenannt wurden. Jeden Morgen vor Drehbeginn fuhr das Team an den Peenemünder Haken, wo im Dünenwald eine Luxusvilla nebst Tennisplatz aufgebaut worden war. Von dem Set existiert heute kein Stein mehr. Eine Zeit lang waren die Kulissen noch auf Google Earth zu sehen, aber mittlerweile ist auch das vorbei.

Selbstverständlich sorgte die Anwesenheit der Hollywood-Stars für einiges Aufsehen. Manche Leute sollen sogar ihren Urlaub in den März verschoben haben, in der Hoffnung, ein paar von ihnen live erleben zu dürfen. Sie wurden nicht enttäuscht. Insbesondere Pierce Brosnan konnte man immer wieder mal beim Joggen oder Spazieren auf der Promenade begegnen. Als ehemaliger Bond-Darsteller war er von allen Stars auch am gefragtesten.

Einige Inselbewohner wirkten als Komparsen mit, so durften sie unter anderem vor der Villa protestieren. Und als der Film 2010 Premiere hatte, wurde er im Club Kino (siehe Ort 108) gezeigt, wo dann einige Kleindarsteller aus dem Nähkästchen plauderten und erzählten, wie er denn so war, der Dreh mit Kim, Ewan und Pierce.

Adresse Peenemünder Haken, 17449 Peenemünde, Google-Map-Code 5QFP+66 Peenemünde (ungefähre Gegend) | ÖPNV RB 24, Haltestelle Peenemünde | Anfahrt B 111 Trassenheide | Tipp Im Palace Hotel in Zinnowitz (Dünenstraße 8) bewohnten die Stars während des Drehs die Turmsuiten.

69 Das Wisent-Gehege

Keine Angst vor großen Tieren

Das Thurbruch ist ein Moor und, grob gesagt, das Gebiet um das Windschöpfwerk Görke (siehe Ort 21). Einst war der Landstrich ein Paradies für Auerochsen, was sich schon am Namen erkennen lässt: Thur steht für Ur, was eine andere Bezeichnung für Auerochse ist. Doch die paradiesischen Zeiten des Auerochsen sind längst vorbei, das letzte in freier Wildbahn lebende Tier wurde Anfang des 17. Jahrhunderts in Polen erlegt.

Nachfahren der Auerochsen sind die Wisente, die in Wild-West-Filmen Bisons heißen. Auch ihnen geht es nicht wirklich gut. Derzeit leben weltweit noch etwa 3.000 Tiere, davon 1.800 in freier Wildbahn. 1920 schien es, als würden die Wisente das Schicksal der Auerochsen teilen und aussterben. Die großen Tiere kriegten aber gerade noch mal die Kurve, und 1932 formierte sich die Internationale Gesellschaft zur Rettung der Wisente. Aber eine solche Gesellschaft ist nichts ohne Lokalmatadoren.

Sie braucht Leute vor Ort – wie Dirk Weichbrodt. Der hat ein Herz für große Tiere. Er ist ein überzeugter Usedomer, der es dem Schicksal heute noch übel nimmt, dass er in Wolgast zur Welt kam, weil es damals auf der Insel keine Geburtskliniken gab. Schließlich sind seine Vorfahren seit dem 16. Jahrhundert auf Usedom ansässig, seit einer Zeit also, als man noch Auerochsen in freier Wildbahn beobachten konnte.

Seit 2004 kümmert sich der gelernte Landwirt im Auftrag des NABU um das Wisentgehege in Prätenow. Die ersten Tiere – drei Kühe und ein Bulle – kamen aus Polen von der Insel Wollin, wo es einen ähnlichen Park gibt. Die Kommunikation mit den Kollegen aus dem Nachbarland gestaltet sich unproblematisch, auch weil Weichbrodt Polnisch spricht. Mittlerweile hat die Herde im 2,5 Quadratkilometer großen Gehege Nachwuchs bekommen. Um die Tiere gut beobachten zu können, gibt es eine Besuchertribüne. Am meisten sieht man zu den Fütterungszeiten um zehn und um halb drei.

Adresse Heideweg 1, 17419 Prätenow, www.wisentgehege-usedom.de, Google-Map-Code V2QW+99 Dargen | **ÖPNV** Bus 287, Haltestelle Dargen-Prätenow | **Anfahrt** B 110 Dargen | **Öffnungszeiten** Ostern – Okt. täglich 10 – 17 Uhr, Nov. – Ostern täglich 10.30 – 15.30 Uhr | **Tipp** Auf Wollin, der Nachbarinsel von Usedom (siehe Ort 93), können Wildpferde dort bewundert werden, wo sie sich am wohlsten fühlen: in freier Wildbahn.

70__Gullivers Welt

Von Riesen und Zwergen

Der Gulliver von Pudagla ist 36 Meter lang. Er besteht aus Styropor und glasfaserverstärktem Kunststoff. Wenn der Winter kommt, muss Gulliver eingemottet werden. Er wird dann mit einer Wachsschicht überzogen, auch seine Zähne werden geputzt. Vor der Saison wird er wieder ausgemottet, und die Leute können Fotos machen, sehen, wie sein Herz schlägt und er seine Blase entleert. (Letzteres stimmt nicht. Das macht Swifts Gulliver nur im Buch.)

Der Gulliver von Pudagla ist ein Ableger des auf dem Kopf stehenden Hauses in Trassenheide, das nach demselben Prinzip funktioniert. Außerdem gehört die benachbarte Papageienfarm zum Unternehmen. Man kann an allen drei Orten fotografieren, herumlaufen und staunen. Aber im Zeitalter von TikTok, Instagram und Co. haben es solche Oldschool-Attraktionen schwer, zumal man heute mit ein paar Foto-Filtern in sekundenschnelle Effekte erzeugen kann, die mehr Likes generieren als ausgefallene Konstruktionen. Doch es ist möglich, gegen die digitale Konkurrenz zu bestehen – das Miniatur Wunderland in Hamburg macht es vor, aber dort ist der Aha-Effekt nur der Anfang, dahinter steckt ein durchdachtes und detailliert ausgearbeitetes Konzept. Und vor allem: Der Erfolg des Unternehmens hängt davon ab, dass möglichst viele Zaungäste – die einfach nur einen kurzen Blick auf das Gelände werfen – (zahlende) Besucher werden.

Ein weitverbreitetes Argument gegen Attraktionen dieser Art lautet: Was hat das mit Usedom zu tun? Exponate wie diese könnten in jedem Winkel der Welt stehen und würden dort genauso funktionieren – oder eben nicht. Zudem kamen in den letzten Jahren vermehrt Shows auf die Insel, die oft recht teuer waren und nicht viel mehr als kurze Zerstreuung boten. Aber auch auf Usedom scheint nicht jeden Tag die Sonne, und für Kinder können diese begehbaren Welten eine interessante Erfahrung sein – solange sie nicht das Budget sprengen.

Adresse Am Sandfeld 1, 17429 Pudagla, www.papageienhaus-gulliverswelt.de, Google-Map-Code X23X+W4 Pudagla | **ÖPNV** Bus 281, 283, Haltestelle Pudagla Freizeitanlagen | **Anfahrt** B 111 Pudagla | **Öffnungszeiten** Nov.–März täglich 10–16 Uhr, April–Okt. täglich 10–18 Uhr | **Tipp** Das Schloss Pudagla gleich um die Ecke in der Schloßstraße 8 gehörte einst den Herzögen von Pommern.

71__Die alte Schule

Heimatkunde in der Schule

Der Lieper Winkel ist die ideale Gegend, wenn man auf Usedom eine Auszeit von der Insel nehmen will. Die Halbinsel ist knapp 20 Quadratkilometer groß und nur über eine Landstraße, die erst Ende des 19. Jahrhunderts befestigt wurde, mit dem Rest verbunden. Es gibt dort jede Menge Felder und Wiesen, Schilf und Wald, ein bisschen Fischfang und Viehzucht, aber vor allem ganz viel Ruhe. Auf der Halbinsel findet man gut ein halbes Dutzend Dörfer, die zu einer Gemeinde zusammengefasst worden sind. Die Bevölkerung zählt um die 600 Seelen, meist reifere Semester. Es ziehen auch immer wieder neue Leute zu, mit dem Ziel, hier ihren Lebensabend zu verbringen.

Wer im Lieper Winkel wohnt, teilt mit seinen Nachbarn im Wesentlichen drei Interessen. Die Bewohner wollen gern mehr über ihren Flecken Erde wissen. Sie möchten andere an ihrem Wissen teilhaben lassen, auch Gäste empfangen, aber ohne dass der Winkel seine so geschätzte Ruhe verliert. Für den Umgang mit Besuchern existieren daher verschiedene Konzepte, besonders den Tagestourismus betreffend. Was die Erinnerungsarbeit betrifft, ist vor allem der Heimatverein Lieper Winkel zuständig.

Im Lauf der Jahre hat der Verein in der alten Schule ein Museum eingerichtet. Die Schule war 1895 gegründet worden, zeitweise drückten hier 200 Kinder die Schulbank.

1974 wurde sie geschlossen, nun gibt es eine neue Bildungseinrichtung. Dort und im dazugehörigen Garten finden sich viele Erinnerungsstücke aus der alten Zeit, und manchmal macht man auch folgenreiche Entdeckungen. So wusste man zum Beispiel schon lange, dass im Lieper Winkel eine eigene Tracht vorhanden war, aber niemand hatte eine Vorstellung davon, wie die aussah. Bis man durch Zufall ein letztes Exemplar – aus dem Jahr 1948 – entdeckte. Das wurde nachgenäht, und mittlerweile gibt es eine Tanzgruppe, die in dieser Tracht auftritt.

Adresse Dorfstraße 1, 17406 Rankwitz, www.heimathof-lieper-winkel.de, Google-Map-Code XXH6+5H Rankwitz | **ÖPNV** Bus 282, Haltestelle Rankwitz | **Anfahrt** B 110 Suckow | **Öffnungszeiten** Mitte Mai – Anfang Okt. Mi 10 – 16 Uhr; sonst für Gruppen nach Voranmeldung unter Tel. 038372/70563 | **Tipp** Da es in jedem Buch über Usedom mindestens einmal erwähnt werden muss: Ja, in Warthe auf dem Lieper Winkel gibt es Fachwerkhäuser, die blau angestrichen sind.

72 Das Atelier Lieper Winkel

Am Rand der Welt der Anfang einer neuen Welt

Reestow sieht jetzt nicht wirklich so aus, wie man sich einen künstlerischen Hotspot vorstellt. Das Dorf liegt im Lieper Winkel, der ja selbst schon recht abgeschieden ist, aber Reestow legt da noch mal eine Schippe drauf. Der Ort hat 15 Einwohner. Der nächste Laden ist knapp fünf Kilometer entfernt. Wer zum Arzt will, muss in die Stadt Usedom fahren. Also, so zumindest der erste Eindruck: Reestow ist eine gute Adresse, wenn man die Welt hinter sich lassen und einfach mal alles vergessen will. Und sicher, das geht hier auch. Aber darüber hinaus geht noch mehr.

Vor ein paar Jahren haben die Möbeldesignerin Ulrike Hoffmann und der Bildhauer Wolfgang Baumann hier ihren Lebensmittelpunkt gefunden und ihre Ateliers eröffnet. Ulrike Hoffmann entwirft seit den 1990er Jahren. Bevor es sie nach Usedom zog, arbeitete sie in Hamburg. Wolfgang Baumann studierte bei Prof. Richard Hess Bildhauerei und wirkte am Museum Marta Herford. In Reestow leben und arbeiten sie mitten in der Natur, ohne Störungen und Ablenkungen. Bei Nietzsche gibt es ja den Satz von dem Abgrund, der – wenn man zu lange in ihn blickt – irgendwann den Blick erwidert. Das lässt sich auch positiv formulieren. In einer ruhigen Welt wie dieser kann man sehr viel über sich selbst herausfinden.

Wer ihr Atelier besucht, darf ihre Werke bewundern und auch erwerben, die Möbel sind allesamt Unikate. Wer es sich zutraut, kann auch mal ausprobieren, wie es sich hier am Ende der Welt lebt und welche schöpferischen Gedanken einen dann durchströmen. Das Atelier bietet Bildhauerkurse an, bei denen Neulinge ebenso willkommen sind wie Fortgeschrittene. Werkzeug und Material werden gestellt. Und dann sieht man schon, was dabei herauskommt, wenn man versucht, eine Vision in Stein Wirklichkeit werden zu lassen. Leicht ist das mit Sicherheit nicht, aber möglicherweise steht dann hier am Ende der Welt die Entdeckung einer neuen.

Adresse Dorfstraße 15, 17406 Reestow, www.atelier-lieper-winkel.de, Google-Map-Code XWGW+JG Rankwitz | ÖPNV Bus 282, Haltestelle Rankwitz | Anfahrt B 110 Suckow | Öffnungszeiten 15. Mai – 15. Okt. Di, Do 14 – 18 Uhr; Kurse siehe Webseite | Tipp In der Bergstraße 11 in Korswandt gibt es eine Töpferei, in der sich Laien ausprobieren können (www.tonwerk-keramik.de).

73 Die Kuhmilch-Tankstelle

Frische Kuhmilch ist cool

In den 1990er Jahren beauftragten kalifornische Molkereibetriebe eine Werbeagentur; die Werbefuzzis sollten etwas für das Image der Milch tun. Die Agentur machte sich an die Arbeit und erkannte schnell, worin das Problem lag. Gegen die Vorzüge der Milch hatte niemand etwas einzuwenden, aber Milch galt als langweilig, sie war einfach nicht »cool«. In der Folge wurden viele Prominente angeheuert, die, alle mit einem Milchbart versehen, erklärten, wie cool Milch doch eigentlich sei. Das Konzept der Kampagne ging auf. Am Ende war das Image der Milch besser, und auch die Promis konnten punkten.

In Rubenow kann man sehen, dass sich derselbe Effekt auch mit weniger Aufwand erreichen lässt. Nicht weit vom Eierautomaten (siehe Ort 23) in Groß Ernsthof entfernt steht hier eine Kuhmilch-Tankstelle. Die »stählerne Kuh« funktioniert in Selbstbedienung, auf ihrer Außenhülle prangt ein Foto von der »dicken Betty«, der Lieblingskuh von Sandra und René Marquardt, die vor ein paar Jahren kurz vor Weihnachten auf die Idee kamen, den Milchautomaten aufzustellen.

Familie Marquardt hat auf ihren Weiden 100 rotbunte und schwarzbunte Paarhufer stehen. Die geben im Schnitt pro Tag 2.000 Liter Milch. Davon werden um die 150 Liter am Automaten verkauft. Das ist für den Bauernhof vorteilhaft, weil der Mittelsmann ausgeschaltet ist, aber auch weil der Preis an der Kuhmilch-Tankstelle höher ist als im Supermarkt. Hier landet alles in den Taschen des Erzeugers, während die großen Zulieferer die Bauern ansonsten mit Centbeträgen abspeisen.

Im Schnitt hält alle paar Minuten ein Auto, jemand springt heraus, um sich am Automaten mit frischer Milch einzudecken, und fährt wieder davon. Dass der Preis etwas höher ist, wird ohne Murren akzeptiert. Denn zum einen ist die Qualität besser, und zum anderen ist der Einkauf an der Kuhmilch-Tankstelle irgendwie cool.

Adresse Greifswalder Chaussee 18, 17509 Rubenow, Google-Map-Code 3PRG+32 Rubenow | ÖPNV Bus 274, Haltestelle Groß Ernsthof, Rubenow | Anfahrt B 111 Wolgast Richtung Rubenow | Tipp Der Tierpark Wolgast (Am Tierpark) ist nicht weit entfernt und immer einen Besuch wert.

74 Der Naturcampingplatz Nandalee

Einfach mal eine Auszeit nehmen

Für Leute, die sich mit Fantasy-Literatur nicht auskennen, ist Nandalee einfach nur ein Name. Für Fans von Autor Bernhard Hennen ist Nandalee eine Elfe, die, stark und furchtlos, ihre Magie aus der Natur gewinnt. Kategorisch betrachtet ist Nandalee ein Campingplatz, und wenn man es noch genauer sagen will, ein Naturcampingplatz.

Für die Macher und Gäste trifft diese Definition den Charakter und die Magie des Ortes nicht einmal im Ansatz. Corina Ludwig kannte den alten Campingplatz von Sellin schon seit Jahren. Als die Gemeinde den Platz 2012 aufgeben wollte, ergriff sie die Gelegenheit beim Schopf und bemühte sich um das Areal. 2013 bekam sie den Zuschlag und begann, dort einen Campingplatz der etwas anderen Art aufzubauen. Natürlich nicht allein, sondern mit vielen Freunden, Helfern und Gleichgesinnten. Nandalee – wie der Campingplatz jetzt hieß – sollte ein Ort werden, an dem Inspiration, Identifikation und Energien gedeihen dürfen. Ein Platz, an dem Menschen achtsam sein können im Umgang mit sich selbst und anderen. Das Credo lautet: »Jedermann, der diesen Ort betritt, kann und soll seine Ideen einbringen.«

Es gibt kein Internet, die Atmosphäre ist chillig, der Lebensstil naturverbunden. Alles wirkt sehr entspannt und gleichzeitig ein wenig weltentrückt. Wen das ein wenig skeptisch stimmt, der kann ja auch erst mal nur das Bistro und die Lounge »N'avi« besuchen. Es gibt Menschen, die sagen, sie fühlten sich hier in Welten versetzt, die sie an Indien oder den Orient erinnern. Ja, sagen wir es einfach mal: Manchen erscheint all das, was auf Usedom mittlerweile geboten wird, ein wenig zu vorhersehbar, zu monoton und nicht wirklich aufregend. Für die könnte der Naturcampingplatz Nandalee ein guter Anlaufpunkt sein.

Adresse Sellin 17A, 17429 Heringsdorf, www.nandalee-camping.de, Google-Map-Code X35R+5C Heringsdorf | **ÖPNV** Bus 285, Haltestelle Sellin (Usedom) | **Anfahrt** B 111 Pudagla, Abfahrt Richtung Benz oder Bansin | **Öffnungszeiten** Bistro und Lounge N'avi: Do–Mo, warme Speisen ab 12 Uhr | **Tipp** Der Aussichtsturm Sallenthin in Heringsdorf (Bergmühlenweg 12, Google Map Code X44C+HV Heringsdorf) bietet einen Sieben-Seen-Blick.

75 Die kleine Ranch

Das Leben ist ein Ponyhof

Wer Kinder hat, die schon immer von Ferien auf dem Ponyhof träumten, ist hier richtig. Doch worauf sollte man achten? Grundsätzlich können Kinder von dem Monat an reiten, in dem sitzen können (einige sogar noch früher), aber am vernünftigsten ist es wohl, wenn man nicht vor dem Vorschulalter beginnt. Es gibt Methoden der kindgerechten Herangehensweise wie das Hippolini-Konzept, das Kindern hilft, spielerisch und angstfrei die Welt vom Pferderücken aus zu betrachten.

Auf der kleinen Ranch werden die Kinder – und ihre Eltern – da abgeholt, wo sie sich mit ihrem Kenntnisstand und Erfahrungsschatz befinden. Wer noch keine Erfahrung hat, fängt mit begleiteten Ausritten im Schritttempo an, die durch den Wald, aber auch den Strand entlang führen können. Ponys eignen sich für den Einstieg wunderbar, weil sie Kindern im Wortsinn auf Augenhöhe begegnen.

Beim Reiten werden viele körperlichen Fähigkeiten gefördert wie Kraft, Balance und Koordination. Außerdem ist Ponyreiten eine gute Charakterschule. Im Sattel lernen die Kinder, sich durchzusetzen, mit Enttäuschungen und Rückschlägen umzugehen (Ponys sind keine Esel, aber sie haben schon ihren eigenen Kopf) und sich selbst zu beherrschen. Hinzu kommt die Verantwortung für ein anderes Lebewesen und das Vermögen, auf einen Partner – denn das ist das Tier ja am Ende – einzugehen. All das kann im späteren Leben nützlich sein, wenn die Erkenntnis durchsickert, dass sich das Dasein nicht immer wie auf einem Ponyhof anfühlt.

Auf der kleinen Ranch wird Reiten exklusiv für Kinder zwischen 12 und 14 Jahren angeboten. Man lernt in der Gruppe und muss sich nicht vor den Großen schämen. Stagnieß liegt direkt am Achterwasser, aber auch der Wald von Pudagla ist nicht weit entfernt. Da die Hausherren die Preise stabil halten wollen, kann man sie hier auch erwähnen: Ein Ausritt in den Wald kostet 35 Euro, für den Strand werden 50 Euro fällig.

Adresse Am Stagnießerhafen 1–5, 17459 Ückeritz, www.ponytouristik-usedom.de, Google-Map-Code 223W+G9 Ückeritz | ÖPNV Bus 283, Haltestelle Ückeritz Kletterwald | Anfahrt B 111 Pudagla | Tipp Auf dem Hof Jaddatz in Sauzin geht es vor allem um große Pferde (www.hof-jaddatz.de).

76 Die Drei-Kaiser-Eichen

Eine komplizierte Heimkehr

Im zweiten Jahrzehnt des letzten Jahrhunderts wurde in Usedom als Abzweig jener Verbindung, die später Kreisstraße 44 (siehe Ort 77) heißen sollte, ein Zubringer nach Welzin gebaut. Da man es damals noch nicht so mit Wegweisern hatte, pflanzte man an der Stelle drei Roteichen. Die waren – vor allem im Winter – schon aus der Ferne gut zu sehen, und so wusste jeder, wann er abbiegen musste, wenn er nach Welzin wollte.

Der Kaiser, der zu dieser Zeit gern auf Usedom weilte, nahm sich auch mal ein bisschen Arbeit mit den Urlaub. Teilweise waren eher putzige Aufgaben darunter, wie etwa die Auszeichnung des äußerst fruchtbaren Ferdinand Egelinski (siehe Ort 3), andere fielen mehr in die Kategorie »Eröffnen und Repräsentieren«. Und die Eröffnung einer neuen Straßenverbindung war definitiv eine Sache, die Seine Majestät schmückte. Also ließ es sich der Hohenzoller nicht nehmen, den Welzin-Zubringer nach seiner Fertigstellung persönlich einzuweihen.

Zum Andenken an dieses Ereignis wurde am Ort eine Erinnerungstafel angebracht. Die ging später verloren, wurde aber wiedergefunden. 1998 – zur 700-Jahr-Feier der Gründung der Stadt Usedom – wurde die Tafel feierlich der Stadt übergeben. Man sollte meinen, damit wäre das Happy End erzählt, aber keineswegs: Kurze Zeit später ging die Gedenktafel erneut verloren. Man befürchtete schon, diesmal sei es für immer, aber glücklicherweise wurde auch sie 2014 unter einem Bretterstapel auf einem Schuttplatz wiederentdeckt. Nicht unbedingt im besten Zustand, aber immerhin unversehrt.

Der Usedomer Roland Voth, der sich seit vielen Jahren mit der Geschichte seiner Heimatstadt beschäftigt und viele Ereignisse und Momente dem Vergessen entrissen hat, restaurierte die Tafel mit Hilfe eines befreundeten Steinmetzes und übergab sie wieder seiner Heimatstadt. Wo man nun hoffentlich gut auf sie aufpasst.

Adresse Stolper Straße, 17406 Usedom | ÖPNV Bus 287, Haltestelle Stolper Straße, Usedom | Anfahrt B 110 Paske, Abzweig Richtung Stolpe | Tipp In Heringsdorf finden jährlich im August die Kaisertage statt. Achtung: Die Internetseite zum Thema ist veraltet, besser »Kaisertage Heringsdorf« zusammen mit der aktuellen Jahreszahl googeln.

77 Die Kreisstraße K 44

Highway to Hell?

Auf Usedom gibt es noch viele schöne Alleen. Nach dem Mauerfall schlug der ADAC vor, diese als Einbahnstraßen auszuweisen. Dieser Idee folgte man nicht. Die Straßen sind in der Regel gut in Schuss, aber aufgrund der Enge und der Kurven darf an vielen Stellen nicht überholt werden. Nun gibt es eine gewisse Gruppe von Autofahrern, die die Regeln auf eigene Weise interpretieren. Ist die Linie in der Mitte der Straße gestrichelt, muss überholt werden. Ist sie durchgezogen, macht das Überholen besonders viel Spaß. Das kann, vor allem wenn sich hinter einem Trecker eine Kolonne staut, die zunehmend ungeduldiger wird, zu unterhaltsamen Situationen führen.

Doch was den Unterhaltungsfaktor betrifft, kann es keine Straße mit der Kreisstraße K 44 aufnehmen. Diese verbindet an der Südküste Usedoms Drägenow und Prätenow. Wobei die Bezeichnung »Straße« stellenweise ziemlich kühn ist. Manchmal ist sie nur eine Schotterpiste, dann wieder eine Ansammlung von Schlaglöchern mit ein bisschen Rest-Asphalt drum herum. Nun kann niemand erwarten, dass alle Straßen immer und überall in hervorragendem Zustand sind, aber die Tragik der K 44 besteht darin, dass sie eine wichtige Verbindung darstellt. Weshalb die in den Verkehrshinweisen am Anfang des Buch geschmähten, fest eingebauten Navis viele Autos gern über die K 44 führen, auch wenn ein Umweg manchmal schonender für Nerven und Stoßdämpfer wäre. Auch für Fahrradfahrer ist die Strecke nur ein eingeschränktes Vergnügen.

Einige der in diesem Buch vorgestellten Orte sind allerdings nur zu erreichen, wenn man sich diese vermaledeite Kreisstraße antut. Wer sich auf den Weg macht, sollte sich also wappnen. Einen Trost gibt es: Inzwischen haben die Sanierungsarbeiten begonnen. Die Buckelpiste der K 44 zwischen Dargen und Prätenow wird bald der Vergangenheit angehören. Und bis dahin kann man sie ja als eine Art skurrile Sehenswürdigkeit »genießen«.

Adresse Stolper Straße, 17406 Usedom | ÖPNV Bus 287, Haltestelle Prätenow, Dargen | Anfahrt B 110, Abzweig Stolpe | Tipp Die »Deutsche Alleenstraße« zieht sich, wie der Name schon sagt, durch ganz Deutschland, aber in Garz ist sie besonders schön.

78 Die Eiche

Eichen weichen nicht

Eichen gehören zur deutschen Geschichte. Seit Jahrhunderten schon. In vielerlei Hinsicht. Deutsche Münzen zum Beispiel wären ohne Eichenblätter nicht komplett. Was Laubbäume betrifft, steht die Eiche in Deutschland an zweiter Stelle, nur Buchen gibt es noch mehr. Wer da als Eiche auffallen will, muss sich was einfallen lassen.

Die Eiche an der Straße, die von der B 110 zur Halbinsel Lieper Winkel führt, gehört zu den ältesten Bäumen Usedoms, möglicherweise sogar in ganz Pommern. Ihr genaues Alter kennt niemand, Schätzungen beginnen bei 700 oder 800 Jahren, einige denken sogar an 1.000 Jahre. Sie wurde schon im Mittelalter erwähnt, damals wurde sie genutzt, um eine Grenze zu markieren. Also muss die Suckower Eiche schon früher imposant ausgesehen haben. Aber damit nicht genug. Sie soll darüber hinaus auf einem Hügelgrab stehen, das seinerseits mindestens 3.000 Jahre alt sein soll.

Wenn von der Eiche die Rede ist, wird meistens erzählt, dass es sich bei ihr um eine Sockeleiche handelt, wobei jeder so tut, als wüsste er, was das ist. Theoretisch könnte die Eiche ziemlich beeindruckend aussehen. Die Krone 20 Meter hoch und 30 Meter breit, der Stamm misst schließlich mehr als 6 Meter im Durchmesser.

Doch seit dem Sommer 1997 ist es vorbei mit dem imposanten Image, denn damals tobte ein schwerer Sturm und brach einen Ast ab, der seitdem wie ein verrenkter Arm neben dem Baum liegt. Und 2006 kam es noch schlimmer, da schlug der Blitz ein. Worauf passierte, was immer passiert, wenn ein Blitz in eine Eiche einschlägt: Experten meldeten sich zu Wort. Und verwiesen auf den Spruch aus dem Volksmund: »Buchen sollst du suchen, Eichen sollst du weichen.« Das sei aber Unsinn. Buchen würden von Blitzen genauso oft getroffen wie Eichen. Nur sehe man es ihnen bei ihrer glatten Rinde nicht an. Vielleicht ist das ja ein Trost für die Eiche in Suckow.

Adresse Dorfstraße, 17406 Rankwitz-Suckow, Google-Map-Code WX83+6W Rankwitz | ÖPNV Bus 281, 282, Haltestelle Rankwitz-Suckow | Anfahrt B 110, Abzweig Richtung Suckow | Tipp Vor Pudagla liegt im Achterwasser ein Teufelsstein (Google Map Code X29R+7J Pudagla). Der heißt so, weil der Teufel von Lassan aus angeblich mit einem Wurf den Bau des Klosters in Pudagla verhindern wollte. Dass diese Geschichte wahr ist, erkennt man auch daran, dass der Stein noch die Fingerabdrücke des Teufels trägt.

79 Die ehemalige Adler-Apotheke

Ein gar nicht mal so weites Feld

Louis Henri Fontane, der Vaters des Schriftstellers Theodor, kaufte in Swinemünde eine Apotheke. Die Adler-Apotheke war ein imposantes Gebäude mit einem Ober- und einem Dachgeschoss, den Eingang schmückte ein beeindruckendes Tonnengewölbe. Wenn man die Apotheke mit seinen Pillen verließ, trat man direkt auf den Kirchplatz und realisierte spätestens in diesem Moment, dass die Adler-Apotheke eine der besten Adressen der Stadt war. Die Familie zog im Sommer 1827 dorthin. Der junge Fontane, Jahrgang 1819, war alles andere als begeistert von Swinemünde. In seinen Augen war die Stadt ein »unschönes Nest«, und auch später verlor er nicht allzu nette Worte über sie. Da war man allerdings nicht nachtragend. Das Oberlyzeum erhielt 1924 den Namen »Theodor Fontane«.

»Effi Briest« gilt als der bedeutendste Roman Fontanes. Das wird selbst von Leuten, für die es eine rechte Mühe war, sich durch das Werk zu fräsen, nicht bestritten. Mittlerweile wurde es dreimal verfilmt, und nicht nur weil im Buch eine Gestalt namens Buddenbrook (der Sekundant von Major Crampas) vorkommt, gilt das Werk als wegweisend für die deutsche Literatur des 20. Jahrhunderts.

Im Roman zieht Effi mit ihrem Göttergatten nach Kessin, was ein anderer Name für Swinemünde ist. Ansonsten wird die Stadt so deutlich beschrieben, dass sich, wer das Buch gelesen hatte, auch ohne Stadtplan dort zurechtfand. Selbst der Ort des Duells zwischen Innstetten und Crampas in den Dünen war für Eingeweihte leicht auffindbar. Darüber hinaus machen Effi und ihr Geliebter Ausritte zum Gothen- und zum Schloonsee.

Das Gebäude der Adler-Apotheke wurde 1955 abgerissen. Dort, wo sie einst stand, ließ der polnische Autor Józef Pluciński eine Gedenktafel anbringen, die an den deutschen Schriftsteller erinnert.

Adresse Marynarzy 7, PL-72-600 Swinemünde, Google-Map-Code W65X+67 Swinemünde, Polen | ÖPNV Bus 2, Haltestelle Plac Kościelny | Anfahrt Swinemünder Chaussee Richtung Grenze | Tipp Gleich neben der Gedenktafel gibt es die »CoffeeBar« (Marynarzy 7). Das ist ein angenehmer Laden.

80 Das Café Wieza

Steht hier und kann nicht anders

Die Lutherkirche war einst das größte Gotteshaus von Swinemünde. Sie war von dem Geld errichtet worden, das eine Konsulin – von der mittlerweile jeder weiß, dass sie Emilia Heyse hieß – der Stadt vermacht hatte. Neben der Kirche wurde von den Millionen auch ein Waisenhaus geschaffen.

Mit dem Bau der Kirche wurde 1903 begonnen, schon ein Jahr später stand der Rohbau, und im September 1906 wurde das Kreuz aufs Dach gesetzt. Der letzte Gottesdienst in der Lutherkirche fand am 11. April 1945 statt. Einen Tag danach wurde die Stadt Opfer eines der letzten großen Luftangriffe (siehe Ort 20). Bei dem Bombardement wurde der Turm zerstört und das Kirchenschiff von einer Luftmine getroffen. Im Foyer stand einst eine Martin-Luther-Statue, die in den Kriegswirren verloren ging. Die Bestuhlung soll später in einem Kino der sowjetischen Rotbannerflotte gelandet sein.

1962 wurde die Kirche teilweise abgerissen, aus bekannten Gründen hatte die Nachfrage nach evangelischen Gottesdiensten stark nachgelassen. Das Zifferblatt der Kirchturmuhr war noch lange Zeit gut zu erkennen, auch als die Zeiger längst verschwunden waren. Eine Uhr ohne Zeiger schien eine gute Metapher zu sein für ein Gebäude, das wie aus der Zeit gefallen schien und für das niemand mehr eine Verwendung hatte.

2005 eröffnete im Kirchturm das Café Wieza (zu Deutsch: Turm). Wer sich die Mühe macht, die 222 Stufen emporzustapfen, wird mit einem grandiosen Ausblick von oben belohnt. Allerdings kostet schon der Aufstieg zur Aussichtsplattform Eintritt, was nicht allen Besuchern gefällt. Das Café im Gewölbe des Turms ist gemütlich und gut, aber ebenfalls nicht billig. Das widerspricht den allgemeinen Erwartungen, dass in Polen alles zumindest ein bisschen günstiger ist. Aber andererseits: Es muss ja auch alles 222 Stufen hinaufgeschleppt werden. Und das hat nun mal seinen Preis.

Adresse Marszałka Józefa Piłsudskiego, PL-72-611 Swinemünde, Google-Map-Code W67X+FQ Swinemünde, Polen | ÖPNV Bus 6, Haltestelle Chopina | Anfahrt Swinemünder Chaussee Richtung Grenze | Tipp Der nahe gelegene Kurpark (Park Zdrojowy) an der Bolesława Chrobrego lädt zu Spaziergängen ein.

81 Die Christus-König-Kirche

Startplatz der Muschelsucher

Die Christus-König-Kirche – manche sagen auch Christus-der-König, auf Polnisch heißt sie Kościół Chrystusa Króla – steht an dem Platz, wo sich früher die Apotheke von Theodor Fontanes Vater befand (siehe Ort 79). Die Glocken, die heute dreimal täglich geläutet werden, stammen noch aus dieser Zeit. Die Posaunen, die abends gegen neun Uhr erschallen, vermutlich eher nicht.

Die Christus-König-Kirche ist die älteste Kirche von Swinemünde. Sie wurde Ende des 18. Jahrhunderts erbaut, finanziert durch Steuergelder, und schließlich 1792 geweiht. Der Kirchturm mit der Uhr kam erst gut 100 Jahre später dazu. In dem Gotteshaus gibt es auch eine Orgel, die überraschenderweise nicht von Johann Sebastian Bach getreten wurde, aber dafür werden hier regelmäßig Werke von ihm gespielt.

Die Kirche wurde bei dem Luftangriff im April 1945 in Mitleidenschaft gezogen, wenn auch nicht so schwer wie die Lutherkirche (siehe Ort 80). Der härtere Schlag kam am 7. Oktober 1945. Denn an diesem Tag siegte – zumindest in diesem Bethaus – die Gegenreformation, aus evangelisch wurde wieder katholisch, und so ist es bis heute geblieben. Es sollen aber noch bis Anfang der 1950er Jahre Gottesdienste in deutscher Sprache hier abgehalten worden sein. Der Innenraum der Kirche wurde in den 1980er Jahren gründlich modernisiert und hat so gut wie nichts mehr mit der Fontane-Zeit zu tun.

In einem Punkt ist die Christus-König-Kirche auch für diejenigen interessant, die sich spirituell wähnen, ohne sich für besonders gläubig zu halten. An dieser Kirche beginnt die etwa 700 Kilometer lange Via Baltica, der baltische Weg der Jakobspilger. Wer auf der Via Baltica, die auch der Baltisch-Westfälische Weg genannt wird, pilgern will, findet den Weg gut ausgeschildert. Der Pilgerpfad führt von Usedom über Rostock, Wismar, Lübeck, Hamburg und Bremen bis nach Osnabrück.

Adresse Plac Kościelny 1, PL-72-611 Swinemünde, Google-Map-Code W796+X4 Swinemünde, Polen | **ÖPNV** Bus 2, Haltestelle Plac Kościelny | **Anfahrt** Swinemünder Chaussee Richtung Grenze | **Tipp** Das Corso Einkaufszentrum (Jarosława Dąbrowskiego 5) bietet auf drei Etagen ein reichhaltiges Angebot. Auch Schuhe.

82 El Papa – Pilar

Der junge Mann und das Meer

Für Hemingway-Fans ist der Name des Restaurants »El Papa – Pilar« leicht zu entschlüsseln. Für seine Freunde war der Schriftsteller »Papa« Hemingway. Pilar war der Name des Bootes, mit dem Hemingway von Kuba aus unzählige Ausflüge in die Karibik und nach Key West unternahm. Und Hardcore-Fans wissen auch, dass in Hemingways erfolgreichstem Roman »Wem die Stunde schlägt« ein wichtiger Charakter diesen Namen trägt.

An der Wand hängt ein Hemingway-Porträt, das von January Korff geschaffen wurde. Der Swinemünder Künstler ist selbst in jungen Jahren zur See gefahren und hat unter anderem auch schon in der Kunsthalle in Ahlbeck (siehe Ort 5) ausgestellt. In der Café-Filiale gibt jede Menge Hemingway-Devotionalen, ja man könnte fast von einem Schrein sprechen. Bemerkenswert ist, dass die Fotografien und Faksimiles durchaus kenntnisreich ausgewählt wurden, liebevoll präsentiert werden sie sowieso.

Das Restaurant wurde 2017 eröffnet. Auslöser war aber nicht vordergründig die Bewunderung für den amerikanischen Schriftsteller, sondern die Tatsache, dass die Mutter des Chefs Marek Lapinski hervorragende Kuchen bäckt. Die wurden bis 2017 an die Hotels der Stadt geliefert, und irgendwann fand der Sohnemann, dass die hervorragenden Torten durchaus auch von der Familie verkauft werden könnten.

Aber der Hemingway-Bezug ist nicht nur Fassade. Zum einen hat sich das Restaurant im Lauf der Jahre zu einem Treffpunkt der Kunstszene entwickelt, hier werden nicht nur Bilder gezeigt, sondern auch Konzerte und Lesungen veranstaltet. Und dann – zumindest wird das vom Hausherrn glaubhaft versichert – ist die Speisekarte gespickt mit Mahlzeiten, die zu den absoluten Lieblingsgerichten des Autors gehört haben sollen. »Wir wissen, was der Schriftsteller gern aß«, sagte Lipinski in einem Interview. Ganz offensichtlich geht auch in der Literatur die Liebe durch den Magen.

Adresse Bohaterów Września 83, PL-72-600 Swinemünde, www.elpapa-pilar.pl, Google-Map-Code W752+MV Swinemünde, Polen | **ÖPNV** Bus 2, 6, Haltestelle Plac Wolności | **Anfahrt** Swinemünder Chaussee Richtung Grenze | **Öffnungszeiten** täglich 12–22 Uhr | **Tipp** Bitte nicht durcheinanderkommen: Das Café Hemingway (El Papa) befindet sich ein paar Häuser weiter. Dort gibt es eine große Kuchenauswahl und darüber hinaus eine Galerie (Bohaterów Września 69).

83 Die Fähre

Betreten auf eigene Gefahr

Wenn man in der Innenstadt von Swinemünde runter von der Insel und auf die andere Seite will, geht das nur mit der Fähre im Hafen. Aber selbst wenn man dieser auf der anderen Seite wieder entsteigt, ist man immer noch nicht auf dem Festland. Denn die andere Hälfte Swinemündes liegt ebenfalls auf einer Insel. Erst wenn man Wollin über eine Brücke verlässt, hat man das Festland des polnischen Pommern erreicht. Streng genommen liegt Swinemünde sogar auf Dutzenden Inseln, von denen aber die wenigsten bewohnt sind. Vielleicht kommt ja irgendwann jemand auf die Idee, aus der Stadt ein nordisches Venedig zu machen.

Prinzipiell sollte die Benutzung der Fähre unkompliziert sein. Sie kostet nichts und bringt die Leute bequem und sicher auf die andere Seite. Insofern alles klar – stünde da nicht neben der Fähre ein gelbes Warnschild, auf dem in drei Sprachen daran erinnert wird, dass die Fähre nur von Bewohnern der Stadt benutzt werden darf. Sensible Seelen könnten hier Spuren von Fährendiskriminierung entdecken, aber der Pragmatiker fragt sich, wie dieses Verbot denn eigentlich durchgesetzt werden soll. Gibt es hier so etwas wie einen geheimen Händedruck, mit dem sich die echten Swinemünder untereinander zu erkennen geben? Und wer den nicht beherrscht, muss das Schiff umgehend wieder verlassen? Stoppt die Fähre auf der Mitte des Stromes, weil alle Einheimischen plötzlich die Swinemünder Stadthymne anstimmen, die so kompliziert ist, dass selbst auswärtige Polen sie nicht beherrschen? Dass die Polizei gern Alkoholkontrollen vor der Fähre durchführt (»Blasen bitte. Mit Abstand.«), lässt die Befürchtung aufkommen, dass hier rigide geprüft wird.

Die Realität ist profan: Das Verbot gilt nur für Autofahrer, und auch da nur tagsüber. Kontrolliert wird anhand der Kennzeichen. Fängt es mit ZSW an, darf der Wagen rauf. Für Fußgänger und Radfahrer gilt, egal woher sie kommen: »Witamy!«

Adresse Nadbrzeżna 1, PL-72-600 Swinemünde | ÖPNV Bus 2, 6, Haltestelle Prom | Anfahrt Straße 93 Richtung Port turystyczny | Tipp Nicht weit von der Anlegestelle entfernt befindet sich das Tourist Information Center (Plac Słowiański 6/1), in dem es jede Menge Material über Swinemünde gibt.

84__Das Fort Aniola

Die Burg der kriegerischen Engel

In der Mitte und an den Seiten der Insel Usedom kann man viel Spaß haben, an den Enden (siehe Ort 66) kommt immer wieder die militärische Vergangenheit durch. Während am nordwestlichen Ende – für damalige Verhältnisse – Hightech stationiert war, haben die Festungsbauten am südöstlichen Ende eine jahrhundertelange Geschichte. Die ersten Schanzen wurden hier nach dem Dreißigjährigen Krieg angelegt, später bauten die Preußen reguläre Festungsanlagen, die aber zur Zeit des Zweiten Weltkriegs längst veraltet waren und nur noch als Flakstellungen benutzt wurden.

Dennoch ist die Anlage ein Ort, an dem folgenreiche Geschichte geschrieben wurde. Das deutsche Kriegsschiff »Schleswig-Holstein« fuhr 1939 von hier aus nach Danzig, wo es mit dem Beschuss der Westerplatte den Zweiten Weltkrieg startete.

Die Engelsburg – in Polen Fort Aniola genannt – war ein Teil dieser Festung. Ihren Namen verdankt sie der architektonischen Ähnlichkeit mit der Hadriansburg in Rom. Ironischerweise wurde die Stadt Swinemünde durch den Krieg viel stärker in Mitleidenschaft gezogen als die umliegenden Militäranlagen. Nach dem Zusammenbruch Deutschlands schlug die Sowjetarmee hier ihr Quartier auf. Da sie aber mit weiten Teilen des Areals nichts anzufangen wusste, begann der Verfall der Anlage schon damals.

Heute stehen an jeder Ecke Schautafeln, außerdem werden Führungen angeboten, denn in der unmittelbaren Nachbarschaft gibt es weitere Militäranlagen wie das Fort Gerhard oder das Westfort. Die Darbietung der Relikte trägt der Tatsache Rechnung, dass viele Besucher aus Deutschland kommen, andererseits ist es den Hausherren wichtig, ihre Perspektive einzubringen. Ob die Teilnehmer der Führungen wirklich alle an historischen Ereignissen interessiert sind, sei dahingestellt. Die Veranstalter bitten jedenfalls regelmäßig, bei den Besichtigungen von sexuell anzüglichen Aktionen abzusehen.

Adresse Jachtowa 158, PL-72-600 Swinemünde, www.fortaniola.pl, Google-Map-Code W77F+WC Swinemünde, Polen | **ÖPNV** Bus 2, 6, Haltestelle Kapitanat Portu | **Anfahrt** Swinemünder Chaussee Richtung Grenze | **Öffnungszeiten** täglich 10–17 Uhr | **Tipp** Auf Wollin gibt es eine Bunkerstadt, in der seit 2014 Führungen veranstaltet werden. Allerdings bislang nur auf Polnisch.

85__Das Hilton

Das Imperium schlägt zurück

Dass der Neustart der Ostseebäder auf Rügen und Usedom insgesamt gesehen zu einer Erfolgsgeschichte wurde, hat auch damit zu tun, dass bald nach der Wiedervereinigung eine Reihe kluger Entscheidungen getroffen wurde. Es ging darum, wie sich die Ost-Ostsee neben der West-Ostsee auf dem Markt etablieren und dabei ein eigenes Profil entwickeln könnte.

In einem Punkt hatte der Osten einen Standortvorteil, womit wir wieder bei dem beliebten Thema der Länge wären. Die Küste in Schleswig-Holstein kommt auf 500 Kilometer, die in Mecklenburg-Vorpommern hingegen auf mehr als das Dreifache: 1.700 Kilometer. Außerdem konnte man als Nachzügler Bausünden, wie sie in früheren Zeiten beim Wettbewerber begangen worden waren, vermeiden. Bettenburgen mit 35 Stockwerken wie in Travemünde findet man weder in Heringsdorf noch in Ahlbeck. Dagegen setzt man darauf, dass die Gäste sich wohlfühlen. Und zwar wortwörtlich. Auf Usedom gibt es 13 Wellness-Hotels, eine Dichte, wie sie in Deutschland nirgendwo sonst vorkommt.

Aber Urlaub ist immer auch eine Frage des Geldbeutels. Ging es bei den ersten Expeditionen über die Grenze vor allem um »Kippen und Tanken«, sprach sich bald herum, dass auch die Übernachtungsmöglichkeiten in Swinemünde billiger und nicht zwangsläufig schlechter waren. Die Stadt wurde zu einem Konkurrenten, der jetzt noch einen Gang höher schaltet. 2018 beschloss die Hilton-Hotelkette, zusammen mit einem lokalen Bauherrn in Swinemünde ein großes Hotel an den Strand zu setzen – selbstverständlich mit einem beeindruckenden Wellness-Bereich. Und mit Preisen, die deutlich unter denen auf der deutschen Seite liegen.

Auch der Swinemünder Ortsteil Posejdon an der Grenze zu Ahlbeck soll mit Hotels aufgewertet werden. Den Anwohnern wäre es zwar lieber, die Stadtverwaltung würde mehr gegen die Schlaglöcher tun, aber aufhalten lässt sich diese Entwicklung wohl kaum.

Adresse Aleja Baltic Park Molo 4, PL-72-600 Swinemünde, www.hilton.com, Google-Map-Code W796+X4 Swinemünde, Polen | **ÖPNV** Bus 6, Haltestelle Promenada | **Anfahrt** Swinemünder Chaussee Richtung Grenze | **Tipp** Das Radisson Blu Resort in der direkten Nachbarschaft lockt ebenfalls mit fünf Sternen (Aleja Baltic Park Molo 2).

86__Des Kaisers Pavillon

Ein gastronomischer Thronwechsel

Also, wenn man will und die Hintergründe nicht kennt, findet man hier auf den ersten Blick jede Menge Gründe zum Nörgeln. Schon der Name: Des Kaisers Pavillon. Das ist doch purer Etikettenschwindel! Die Kaiserbäder liegen ja auf der anderen Seite. Ist dieses Restaurant etwa das gastronomische Gegenstück zu den gefälschten Markenklamotten auf dem Grenzmarkt? Mit einem gewieften Wirt, der auf die Leichtgläubigkeit der Deutschen vertraut, die auch im Ausland am liebsten zu Hause sind?

Na ja. Fangen wir am besten von vorn an: 1992 eröffnete der Bansiner Bernd Griehl in Heringsdorf das Restaurant »Des Kaisers Pavillon«. Der Name war passend gewählt, schließlich gehört Heringsdorf zu den Kaiserbädern, und bald wurde das Lokal in der Friedenstraße zu einer gefragten Adresse. In den mit der branchenüblichen Vorsicht zu genießenden Listen von Restaurantkritikern tauchte es ziemlich weit oben auf. Aber noch beeindruckender ist: Offenbar gab es damals keine Personalprobleme. Dabei ist die Suche nach Arbeitskräften gerade in der Gastronomie auf Usedom ein Problem. Viele Leute kommen aus Polen. Doch im Pavillon war das Team (fast) immer voll besetzt.

2009 lief dann der Mietvertrag aus. Besitzer Griehl suchte und suchte, aber in den Kaiserbädern fanden sich keine geeigneten Räumlichkeiten. Also beschloss er, nach Swinemünde zu wechseln. Hier wurde 2010 »Des Kaisers Pavillon« wiedereröffnet. »Des Kaisers Pavillon« ist ein von der Atmosphäre her deutsches Restaurant mit deutscher beziehungsweise zweisprachiger Speisekarte mit deutschen Gerichten von österreichischer Opulenz. Wie es dazu kam, haben wir jetzt ja geklärt. Und auch der Name hat seine Berechtigung, denn an der alten Adresse war tatsächlich mal der Kaiser zu Gast.

Das Restaurant wird selbstverständlich gern von deutschen Touristen besucht, aber auch Einheimische fühlen sich hier wohl, ebenso wie Besucher aus anderen Nationen.

Adresse Wybrzeże Władysława IV 34A, PL-72-600 Swinemünde, Google-Map-Code W64W+JV Swinemünde, Polen | **ÖPNV** Bus 2, Haltestelle Port | **Anfahrt** Swinemünder Chaussee Richtung Grenze | **Tipp** Kleines Kontrastprogramm gefällig? Der einzige McDonald's Usedoms befindet sich ebenfalls in Swinemünde (Legionów 2).

87 Das Koku Sushi

Sauer macht lustig

Swinemünde ist eine Sushi-Hochburg. Zwar führen auch auf der deutschen Seite Restaurants das japanische Fischgericht, aber dort hat es auf der Speisekarte eindeutig Exoten-Status. In Swinemünde hingegen gibt es allein ein halbes Dutzend. Nun will der Verfasser dieser Zeilen gar nicht so tun, als hätte er das Zeug zum Restaurantkritiker. Was folgt, ist also ein Mix aus eigenen Erfahrungen und Berichten von vertrauenswürdigen Freunden und Bekannten. Eine empirische, statistisch absolut unzuverlässige Umfrage ergab, dass das Koku Sushi der mit Abstand beste Laden in der Stadt ist. I approve this message.

Es gibt Leute, die tatsächlich nur wegen des Sushis nach Swinemünde fahren und dafür durchaus beträchtliche Anreisewege in Kauf nehmen. Wenn man sich mit einem Experten unterhält, erfährt man zwei Dinge, egal, ob man sie wirklich wissen will. Erstens: »Sushi« heißt übersetzt so viel wie »sauer«. Zweitens: Das Wichtigste dabei ist nicht der Fisch, sondern der Reis. Auch in diesem Punkt lassen sie bei Koku Sushi nichts anbrennen. »Koku« ist übrigens eine Maßeinheit, die vorzugsweise beim Abwiegen von Reis verwendet wird.

Das Restaurant befindet sich in einer kleinen Gasse. Die wenigen Plätze sind schnell belegt, man kann sich aber auf eine Warteliste setzen lassen und wird angerufen, wenn wieder was frei ist. Koku Sushi ist ein Franchise-Unternehmen mit immer mehr Filialen im ganzen Land. Wer es sich zutraut, kann sich auf der Webseite als Franchisenehmer bewerben. Wie bei solchen Marken üblich, ist das Image durchdacht und bis ins letzte Detail designt. Von der Farbdramaturgie an den Wänden bis hin zu den Brücken und Booten auf den Tischen sieht alles sehr japanisch aus.

Es gibt übrigens auch eine App, über die man sich Utensilien und Gerichte bestellen kann. Ob das auch über die Landesgrenzen hinweg funktioniert, ist nicht bekannt. Einen Markt dafür gäbe es bestimmt.

Adresse Bohaterów Września 9/3, PL-72-600 Swinemünde, Google-Map-Code W752+HX Swinemünde, Polen | **ÖPNV** Bus 2, 6, Haltestelle Plac Wolności | **Anfahrt** Swinemünder Chaussee über die Grenze, weiter geradeaus bis zur Swine, dort parken | **Öffnungszeiten** täglich 12–22 Uhr | **Tipp** Damit es nicht so wirkt, als hätten wir uns von Koku Sushi kaufen lassen: Project Sushi in der Marszałka Józefa Piłsudskiego 12C ist auch eine gute Adresse.

88 Die Mühlenbake

Meerjungfrau mit Flügeln

Die alten Hafenstädte an der Ostsee haben imposante, individuell gestaltete Rathäuser. Auch wenn sie nicht immer von der Seeseite zu sehen sind, die Architektur hatte auch maritime Gründe. In alten Seekarten waren neben den Stadtnamen auch die Silhouetten der Rathäuser eingetragen, so konnten sich Kaufleute – oder Piraten –, die des Lesens und Schreibens unkundig waren, vom Meer aus orientieren.

Das Rathaus von Swinemünde wurde Anfang des 19. Jahrhunderts errichtet, da war es mit der großen Zeit der Hanse längst vorbei. Aber Swinemünde wurde ja auch erst auf das Betreiben Friedrichs des Großen hin gegründet. Und erst als später die sogenannte Kaiserfahrt ausgebaggert worden war, konnte Swinemünde die Funktion einer Vorhafenstadt – ähnlich wie Cuxhaven für Hamburg – erfüllen.

Die Mühlenbake befindet sich seit 1874 auf der Mole, und vermutlich wird sie seit dieser Zeit für das Marketing der Stadt genutzt. Die Mühlenbake steht für Swinemünde. Was ein Grund ist, weshalb viele Besucher zur Mole pilgern: Sie wollen das Wahrzeichen bewundern. Was sie sehen, ist aus Holz, weiß und ziemlich klein. Die Ernüchterung, die sich dabei einstellt, ist der, die man beim Betrachten der Kleinen Meerjungfrau in Kopenhagen erlebt, nicht unähnlich. Okay, eine weltbekannte Ikone, aber könnte sie aus der Nähe nicht wenigstens ein bisschen beeindruckender aussehen? Andererseits: Haben das nicht alle Idole an sich, dass sie aus der Nähe betrachtet nicht mehr so imposant wirken wie aus der Ferne?

Auch die Tatsache, dass in einigen Reiseführern gemahnt wird, auf dem Weg zum Sinnbild der Stadt Vorsicht walten zu lassen, macht die ganze Angelegenheit nicht zwangsläufig zu einem Abenteuer. Sicher, der Pfad über die Steine der Mole ist alles andere als barrierefrei, aber es müsste schon sehr heftig stürmen, damit der Mühlenbaken-Marsch zu einer Herausforderung würde.

Adresse Uzdrowiskowa, PL-72-600 Swinemünde, Google-Map-Code W7GG+GX Swinemünde, Polen | **ÖPNV** Bus 6, Haltestelle Uzdrowiskowa | **Anfahrt** Swinemünder Chaussee Richtung Grenze | **Tipp** Als der Leuchtturm auf der anderen Seite der Swine 1858 erbaut wurde, war er der größte der Welt. Heute ist er immer noch der größte an der Ostsee.

89 Odzież Używana

Des Kaisers alte Kleider

Swinemünde war schon immer eine Hochburg für Secondhand-Klamotten. Nun könnte man sagen, ein Secondhand-Geschäft sei nichts anderes als ein Polenmarkt mit Dach drüber, aber es gibt schon ein paar Unterschiede. Der Handel mit gebrauchter Kleidung war lange eine originär polnische Beschäftigung, deutsche Touristen – vorwiegend jüngeren Jahrgangs – kamen erst nach und nach auf die Idee, dass man sich hinter der Grenze auch günstig mit Markenklamotten eindecken konnte, die nicht gefälscht waren.

Der Handel mit gebrauchter Kleidung begann in den Jahren vor dem Fall des Eisernen Vorhangs, da waren die Läden praktisch, um privat importierte Westware in den Handelskreislauf einzuspeisen. Als die Grenzen dann offen waren, schienen die Läden vom Aussterben bedroht, schließlich gab es ja nun genug von erster Hand. Die wachsende Geringschätzung drückte sich auch in dem fortan genutzten Spitznamen aus. Die Läden wurden »lumpeks« genannt, ein Wort, das sich tatsächlich vom deutschen »Lumpen« ableitet, »lumpowanie« beschreibt die ganze Branche, das Handeln, Kaufen und Verkaufen.

Mittlerweile sind die Läden wieder im Aufschwung. Wenn neue Ware eintrifft, bilden sich lange Schlangen. Professionelle Schnäppchenjäger decken sich hier ein und verkaufen ihre Erwerbungen im Internet weiter. Mateusz Leszczyński (@Lumpfinds) hat auf Instagram und bei TikTok Hunderttausende Follower. Mittlerweile ist Geldmangel nicht mehr das einzige Motiv, zunehmend werden auch ökologische Gründe für den Secondhand-Kauf angegeben.

Lange Jahre war das Geschäft »Second Life« der Platzhirsch in der Stadt. Es ist inzwischen geschlossen, nun hat Odzież Używana (was nichts anderes heißt als »Secondhand-Klamotten«) die Marktführerschaft übernommen. Die Ware wird kiloweise verkauft, derzeit liegt der Preis bei etwa 15 Euro. Diese Angabe erfolgt selbstverständlich ohne Gewähr. Und montags soll es am billigsten sein.

Adresse Monte Cassino 10, PL-72-600 Swinemünde, Google-Map-Code W763+68 Swinemünde, Polen | ÖPNV Bus 6, Haltestelle Chrobrego | Anfahrt Swinemünder Chaussee Richtung Grenze | Öffnungszeiten Mo–Fr 10–18 Uhr, Sa 9–14 Uhr | Tipp Wer vor dem Anprobieren der Klamotten an seiner Figur arbeiten will: Im nahe gelegenen Chopin-Park (Park Chopina) gibt es ein Freiluft-Workout-Center.

90 Der Polenmarkt

Angebote, die man nicht ablehnen kann

Nach der Einführung der D-Mark begann auf Usedom ein intensiver kleiner Grenzverkehr, der aber meist nur einige hundert Meter in den polnischen Teil hineinführte. Dort wurden bald Dutzende Buden aufgestellt, in denen es alles Mögliche zu kaufen gab und bis heute gibt: Zigaretten, raubkopierte Musik und Filme, »Markenklamotten« und Waffen, die in Deutschland, wenn sie nicht verboten, zumindest registrierungspflichtig sind. Dazu gehören Schlagstöcke, Elektroschocker und Messer mit beeindruckenden Klingen. Polenböller gibt es natürlich auch. Dass 2015 eine Ladung explodierte, schmälerte die Nachfrage nicht.

Die Atmosphäre auf dem Markt ist wuselig. Es wird gefeilscht, Waren werden angepriesen, und aus irgendeiner Ecke wummert immer nervtötende Musik. Es ist allgemein bekannt, dass der größte Teil der Zigaretten unversteuert ist, 90 Prozent der Bekleidung gilt als gefälscht. Was bedeutet, dass die Kundschaft bei der Heimkehr eigentlich damit rechnen müsste, der Einkäufe verlustig zu gehen. Bei den unversteuerten Zigaretten hätte der Zoll eine Handhabe, bei den gefälschten Markenprodukten könnten die Urheber auf die Einhaltung von Recht und Gesetz drängen. Andererseits ist der Andrang so groß, dass Kontrollen nie mehr sein können als der berühmte Tropfen auf den heißen Stein.

Wer auf den Markt geht, will Schnäppchen machen, weshalb die Margen der Anbieter niedrig sind. Man munkelt, die Verkäufer würden pro Schachtel Zigaretten circa 50 Cent einnehmen, das sind Summen, für die Vater Staat, der pro Packung zwischen drei und vier Euro kassiert, nicht mal aufstehen würde.

Zu Zeiten der Inflation kommt der Markt an seine Grenzen. Die Leute haben weniger Geld, die Margen werden noch schmaler. Als Swinemünde ankündigte, die Standgebühren zu erhöhen, glaubten einige, das letzte Stündlein des Polenmarkts habe geschlagen. Danach sieht es derzeit nicht aus.

Adresse Bałtycka 94, PL-72-600 Swinemünde, Google-Map-Code W6CF+35 Swinemünde, Polen | **ÖPNV** Bus 6, Haltestelle Wojska Polskiego / Roosevelta | **Anfahrt** Swinemünder Chaussee Richtung Grenze | **Öffnungszeiten** täglich 10 – 18 Uhr | **Tipp** Der Lidl in der Nähe des Bahnhofs von Swinemünde (11 Listopada 5) ist beliebt bei deutschen Kunden. Nicht unbedingt weil er billiger ist, sondern weil die Öffnungszeiten kundenfreundlicher sind (6 – 22 Uhr).

91__Die Promenade

Das Neben- und das Miteinander

Da müssen die restlichen Inselbewohner jetzt stark sein: Laut diverser Umfragen ist Swinemünde mittlerweile bei den Deutschen der beliebteste Urlaubsort auf Usedom. Da will man natürlich wissen, warum. Fragen kostet ja nichts. Wenn man auf der Promenade Leute anspricht, kommen die aus dem Loben gar nicht mehr raus. In Swinemünde könne man gut shoppen und gut essen. Es sei – trotz Inflation – dort immer noch günstiger als in Deutschland. Darüber gelten die Polen im Allgemeinen und die Restaurants und Cafés im Besonderen als ausgesprochen kinderfreundlich. Werden in manchen deutschen Lokalitäten die quengelnden Bälger schnell mit hochgezogenen Augenbrauen bedacht, gibt es in Swinemünde meist einfach ein zweites Malheft dazu.

Der Strand ist – mindestens – genauso schön wie auf der deutschen Seite, aber viele meinen, man könne in Swinemünde eigentlich das ganze Jahr über Urlaub machen. Hinzu kommt, was man den »Holland-Effekt« nennen könnte: Man macht Urlaub im Ausland, ohne das Gefühl zu haben, wirklich im Ausland zu sein. Nur manchen ist es mittlerweile fast zu wuselig. Auch das kann man verstehen, denn mit etwa 40.000 Einwohnern ist Swinemünde für Usedomer Verhältnisse eine echte Metropole.

Solche Umfragen gibt es auch von offizieller Seite, und die enthalten meist die Frage, wie denn Deutsche und Pole übereinander denken. Die Tendenz bleibt seit Jahren gleich: Ungefähr die Hälfte findet die andere Seite toll, ein kleiner zweistelliger Bereich eher nicht. Wenn im Osten Krieg aufzieht oder in der Oder Fische mit dem Bauch nach oben treiben, werden diese Umfragen gern wiederholt, ohne grundsätzlich andere Resultate zu zeitigen. Woraus man schließen kann, dass das Verhältnis im Kern von Pragmatismus geprägt ist. Was keine schlechte Basis für eine Nachbarschaft ist. Denn man lebt in derselben Gegend, hat dieselben Probleme, Sorgen und Freuden.

Adresse Promenada, PL-72-600 Swinemünde, Google-Map-Code W7C2+25 Swinemünde, Polen | **ÖPNV** Bus 6, Haltestelle Żeromskiego/Energetyków | **Anfahrt** Swinemünder Chaussee Richtung Grenze | **Tipp** Eine Seebrücke existierte in Swinemünde bis 1928. Es gibt Pläne für eine neue, die aber noch nicht realisiert wurden – in Misdory hingegen steht eine (Bohaterów Warszawy 18a).

92__Der Strand

Wo alles seinen Anfang nahm

Hier fing alles an. 1824 wurde in Swinemünde die erste Badesaison auf Usedom eröffnet. Weitere folgten. Und hätten sich die Brüder Delbrück (siehe Ort 31) nicht dem Charme Swinemündes widersetzt, dann wäre die Stadt heute wohl ein Mega-Kaiserbad. So wurde sie im 19. und frühen 20. Jahrhundert nur zu einer Umsteigestation für alle, die an den »richtigen« Strand wollten.

1945 begann nicht nur die Teilung Deutschlands, auch Usedom wurde zweigeteilt. Ob es tatsächlich der Stift Stalins war, der hier im Nordosten willkürlich eine Grenze zog, wer weiß das schon so genau? Auf jeden Fall war die neue Grenze am Anfang für beide Seiten verheerend. Usedom verlor seine Hauptstadt, Pommern sein wirtschaftliches Herz. Polen gewann einen Hafen und ein Ostseebad, die aber beide, zumindest was die Infrastruktur betraf, streng nach Westen orientiert waren. Dass ein Großteil der Gebäude in Swinemünde noch bis 1958 von der Sowjetarmee belegt war, dürfte zu jenem innigen Verhältnis zwischen beiden Völkern beigetragen haben, das bis heute anhält.

Doch als die Swinemünder endlich Herr in ihrem Haus waren, begannen sie, Swinemünde und die Umgebung mit zunehmender Begeisterung zu nutzen. Lange Zeit war die Stadt die Nummer eins in Westpommern: die längste Promenade, der längste Strand. Doch nun hat Kolberg, noch weiter östlich, aufgeholt. Jetzt gibt es dort den längsten Strand und die längste Promenade.

Am Strand von Swinemünde spazieren und liegen Polen und Deutsche kreuz und quer durcheinander und unterscheiden sich kaum. Feingeister weisen aber auf Unterschiede hin: FKK-Strände findet man nur im Westteil der Insel, zugleich ist es verpönt, sich am Strand zu sehr Zärtlichkeiten hinzugeben. Angeblich soll es dafür sogar Haftstrafen geben. Auch ist laute Musik unerwünscht, doch dieses Gesetz wird viel zu lax gehandhabt. Woher sonst kommen die Akkordeon spielenden Nervensägen an den Strandzugängen?

Adresse Jana Kochanowskiego 4, PL-72-600 Swinemünde, Google-Map-Code W7C6+5G Swinemünde, Polen | ÖPNV Bus 6, Haltestelle Żeromskiego / Energetyków | Anfahrt Swinemünder Chaussee Richtung Grenze | Tipp Wer sich nach dem Strand nach ein wenig Kultur sehnt: Im Amfiteatr Miejski (Fryderyka Chopina 30) finden regelmäßig Konzerte statt.

93 Der Tunnel

Das Jahrhundertbauwerk

Die Arbeiten am Swinetunnel, der die beiden Inseln Usedom und Wollin miteinander verbindet, begannen im Februar 2019. Die Fertigstellung wurde für Juni 2023 avisiert, und da man davon ausgehen kann, dass die Planer ihr Handwerk nicht am Berliner Flughafen gelernt haben, wird der Termin wohl gehalten werden. Man kann ohne Übertreibung behaupten, dass der Tunnel das wichtigste Bauprojekt in diesem Jahrhundert auf der Insel ist. Und wem dieser Superlativ noch nicht reicht: Er ist auch der längste Tunnel, der auf polnischer Seite je gebaut wurde. Und er ist technisch beeindruckend. Der Verkehr wird zweispurig hindurchgeführt, die Höchstgeschwindigkeit soll 50 Kilometer pro Stunde nicht überschreiten; darüber wachen viele Kameras und ausgetüftelte Blitzer-Anlagen.

Dort, wo jetzt der Tunnel die Swine unterquert, gab es bislang eine zweite Fähre, die auch für alle Nicht-Swinemünder zugänglich war (im Unterschied zu Ort 87). Zwar war auch sie kostenlos, aber der Verkehr wurde in weitem Bogen im Süden um die Stadt herumgeführt, wo er sich dann am Kai staute. In der Hochsaison konnte eine Überfahrt deshalb gern mal ein paar Stunden dauern. Das wird nun innerhalb von wenigen Minuten erledigt sein. Mit Inbetriebnahme des Tunnels soll die Kaseburg-Fähre geschlossen werden. Das Fährboot soll dann in der Stadt eingesetzt werden und dort helfen, die Verkehrslage zu entspannen.

Durch den Tunnel liegt die Insel Wollin in Reichweite der Touristen, und das zu jeder Tag- und Nachtzeit. Eine Maut oder ähnliches ist derzeit nicht geplant, was den Verkehr weiter beflügeln dürfte. Somit wird wohl auch Misdroy in Konkurrenz zu den deutschen Ostseebädern treten. Bei Kolberg ist ein großer Vergnügungspark geplant, auch der wird Gäste von nah und fern anziehen. Aber der Verkehr rollt ja auch in die andere Richtung. Zwar soll der Tunnel offiziell für den Güterverkehr gesperrt bleiben, aber niemand glaubt, dass sich das hundertprozentig durchsetzen lässt.

Adresse Portowa 18, PL-72-600 Swinemünde, Google-Map-Code V7R2+6P Swinemünde, Polen | **ÖPNV** Bus 2, Haltestelle Zajezdnia | **Anfahrt** Straße 93 Richtung Süden, der Beschilderung folgen | **Tipp** In Misdroy befindet sich der Baltische Miniaturenpark, in dem viele Sehenswürdigkeiten so klein nachgebaut wurden, dass man sich zwischen ihnen wie Gulliver (siehe Ort 70) fühlt (Nowomyśliwska 98).

94__Die Sandskulpturen

Deine Spuren im Sand

Bis 2021 war die Sandskulpturen-Ausstellung in Ahlbeck eine große Sache. Auf mehreren tausend Quadratmetern wurden Arbeiten von Hunderten Künstlern gezeigt. Und obwohl die Ausstellung von Holländern organisiert worden war und viele Künstler aus Amerika angereist waren, galt die Angelegenheit als etwas Usedom-Typisches, denn Sand gehört zu einem Ostseestrand einfach dazu, vor allem wenn es sich um den für viele schönsten Strand an der ganzen Küste handelt.

Doch nach 2021 wurde die Freiluft-Ausstellung in Ahlbeck nicht verlängert. Die Entscheidung wurde von einigen mit Unverständnis zur Kenntnis genommen. Am Ende war wohl ausschlaggebend gewesen, dass die Ausstellungsflächen anderweitig genutzt werden sollten und der Dreck im Umfeld der Ausstellung überhandgenommen hatte.

In Trassenheide gibt es immerhin noch eine Sandskulpturen-Ausstellung. Die ist zwar indoor, dafür können sich die Arbeiten der Künstler hier auch gegen Witterungseinflüsse und politische Entscheidungen behaupten. Die Kunstwerke sind bis zu zehn Meter breit und fast halb so hoch. 500 Tonnen Sand werden verbaut, und was die Motive betrifft, wird eine detailverliebte Reise um die Welt geboten.

Nun ist auch bei diesen Skulpturen nicht Sand gleich Sand. Die Organisatoren mussten lange suchen, bis sie in einer Kiesgrube bei Pudagla den idealen Rohstoff fanden. Übrigens gibt es nicht nur bei deutschen Brauern ein Reinheitsgebot, sondern auch bei Sandkünstlern: Außer Sand und Wasser sind keine Zutaten erlaubt, allerdings darf der Sand verdichtet werden. Guru aller Sandskulpteure ist der Hippie Gary Kirk, der an den Küsten Kaliforniens damit anfing. Seit anderthalb Jahrzehnten sind Sand-Artisten auch in Europa aktiv. In geschlossenen Räumen können die Skulpturen theoretisch ewig leben, in der freien Natur haben sie einen gefährlichen natürlichen Feind: das von einer Kleckerburg aus Eierpampe träumende Kleinkind.

Adresse Wiesenweg 1, 17449 Trassenheide, Google-Map-Code 3VH9+X3 Trassenheide | **ÖPNV** RB 23, Haltestelle Trassenheide | **Anfahrt** B 111 Trassenheide | **Tipp** Die Monster-Ameise, die ein paar Häuser weiter am Straßenrand steht (Wiesenweg 5), erfüllt weiter keine Funktion, ist aber ein dankbares Fotomotiv.

95 Der Schlafstrandkorb

Ein Bett am Strand

Die ersten Touristen, die nach Usedom kamen, waren die Wikinger. Die waren in Übernachtungsfragen nicht wählerisch, aber zum Glück blieben sie nicht lange. In den folgenden Jahrhunderten entwickelte sich eine ganze Palette von Übernachtungsangeboten: Hotels, Pensionen, im Zelt oder direkt unterm freien Himmel. Die Idee, in einem Strandkorb am Meer zu übernachten, wurde erst vor ein paar Jahren ins Programm aufgenommen. Sie hat ihre Anhänger. An der Ostsee gibt es über 40 von diesen Strandkörben, an der Nordsee immerhin ein gutes Dutzend. In Pommern sind Schlafstrandkörbe eher spärlich gesät, außer auf Usedom steht noch einer in Prerow auf dem Darß.

Der Schlafstrandkorb auf Ückeritz wurde 2020 vorgestellt, mit der Saison 2021 ging es richtig los. Zwei Gedanken dürften bei der Idee zur Aufstellung mit reingespielt haben: Zum einen wollte man eine Alternative zu einer teuren Hotelübernachtung bieten, zum anderen dem Bernsteinbad Ückeritz zu einem Alleinstellungsmerkmal und ein wenig Publicity verhelfen. Diese Rechnung ging auf.

Aufgeklappt sieht ein Schlafstrandkorb aus wie ein vergrößerter Zwillingskinderwagen. Die Matratze ist 2,40 Meter lang und 1,30 Meter breit. Es ist also von Vorteil, wenn man sich schon vor der Übernachtung ganz gut kennt. Am Strandkorb gibt es einen Tisch und einen Stauraum für Gepäck. Das Faltdach ist wetterfest. Bettdecken, Kissen oder Schlafsäcke müssen die Gäste selbst mitbringen. Man fühlt man sich beschirmter als in einem Zelt, aber natürlich nicht so solide überdacht wie in einem Camper. Wer nach einem Marketing-Spruch sucht, könnte von »Cabrio-Feeling« sprechen.

Wenn man Lust hat, kann man für den Morgen im nahe gelegenen Dünencafé ein Frühstück bestellen. Als der Schlafstrandkorb aufgestellt wurde, kostete eine Übernachtung 50 bis 70 Euro, das Frühstück 10 Euro. Wir vermuten mal, dass die Preise sich weiterentwickeln werden.

Adresse Uferpromenade 1a, 17459 Ückeritz, www.campingplatz-ueckeritz.de, Google-Map-Code 2389+VG Ückeritz | **ÖPNV** Bus 283, Haltestelle Ückeritz Strand | **Anfahrt** B 111 Ückeritz | **Öffnungszeiten** Vermietung Mai–Sept. | **Tipp** Normalerweise wird es nicht gern gesehen, wenn Besucher ihre Zelte in den Dünen aufschlagen. Doch in Karlshagen gibt es diese Möglichkeit (Zeltplatzstraße 11, www.karlshagen.de/duenencamp).

96_Die Inselmühle

Was die Macher aus der Mühle machten

Dort, wo sich heute eine aufblasbare Werbeflasche der Inselmühle GmbH mit der Aufschrift »Usedoms flüssiges Gold« im Wind wiegt, stand tatsächlich jahrzehntelang eine Mühle. Die ursprünglichen Besitzer wurden in den 1950er Jahren enteignet, nach der Wiedervereinigung wurde die Mühle stillgelegt, das Areal lag brach und verkam. Viele Jahre gingen ins Land. 2017 entdeckten Investoren das Gelände wieder, und seit 2020 ist es das, was es heute ist: das Schaufenster eines der größten Unternehmen im Umfeld von Usedom.

Wo über 160 Jahre lang Getreide gemahlen wurde, bietet jetzt eine »Naturmanufaktur« Öle, Säfte, Aufstriche und Liköre an. Auf fünf Hektar wurden Walnuss-, Aprikosen-, Pfirsich-, Birn-, Kirsch- und Mostapfelbäume gepflanzt, daneben wachsen Sanddorn- und Haselnusssträucher. Das klingt streckenweise ziemlich exotisch, funktioniert aber sehr gut. Die Obsternte besorgen mittlerweile Maschinen, nur die Aprikosen und Pfirsiche müssen noch von Hand gepflückt werden, was derzeit um die 30 Leute erledigen. Aber die Obstanbauflächen sind nur die Spitze des Eisbergs. Die Inselmühle bewirtschaftet insgesamt 200 Hektar in der Umgebung, davon 100 allein im Ackerbau. Außerdem gibt es Wasserbüffel, die derzeit aber nur zur »Rasenpflege« eingesetzt werden.

So ein wirtschaftlicher Behemoth löst in der Nachbarschaft Begeisterung aus, man vernimmt viel Respekt für das Engagement und den Einfallsreichtum. Aber nicht nur. Neue Obstplantagen bedeuten neue Zäune, und die intensive Landwirtschaft könnte sich auch auf das Grundwasser auswirken. Die Macher des Unternehmens, die betonen, dass sie mit ihren Familien selbst in der Gegend leben, verweisen auf die Expertise, die sie in der Branche sammeln konnten, und versuchen, Bedenken zu zerstreuen. Das Motto der Inselmühle lautet »Aus der Region für die Region« – und da soll die Region natürlich so attraktiv bleiben, wie sie ist.

Adresse Bäderstraße 9–11, 17406 Usedom, www.inselmuehle.de, Google-Map-Code VWGF+X5 Usedom | **ÖPNV** Bus 282, 283, 284, 287, Haltestelle Usedom Schule | **Anfahrt** B 110 Usedom (Stadt) | **Tipp** Wenn man schon mal in der Stadt ist, kann man bei der Gelegenheit auch das Anklamer Tor bewundern (Google Map Code VWC9+X6 Usedom).

97 Die Traktorenwelt

Eine Welt für sich

Usedom – also die Stadt Usedom auf der Insel Usedom – hat's nicht leicht. Zum einen, weil Touristen gar nicht so problemlos hierherfinden. Wer zum Beispiel eine Suchmaschine mit »Ferienwohnungen Usedom« füttert, bekommt jede Menge Angebote, die wenigsten allerdings in der Stadt Usedom.

Auch in der jüngeren Geschichte wurde die Stadt gebeutelt. Nach dem Zweiten Weltkrieg wurde auf der Bahnstrecke von Berlin über Pasewalk nach Stralsund das zweite Gleis einfach herausgerissen. Die Eisenbahnlinie, die Usedom mit dem Festland verband (siehe Ort 36) verschwand gleich ganz. Damit geriet die Stadt ins Abseits. Wer über die Zecheriner Brücke auf die Insel fährt, will meist weiter an die Küste. Dabei gibt es auch in der Stadt vieles zu entdecken.

Zum Beispiel die Traktorenwelt. Sie wurde vom Verein der »Usedomer Traktoren- und Schlepperfreunde« ins Leben gerufen. Bevor die Maschinen auf dem Areal aufrollen konnten, mussten erst mal Hunderte Tonnen Schutt entsorgt und die Lagerhalle saniert werden. Entstanden ist ein kleines Trecker-Paradies. Man sagt, wer einmal in der Landwirtschaft gearbeitet hat, wird immer ein besonderes Verhältnis zu den kleinen Zugmaschinen haben. Wer die Traktorenwelt besucht, kann zumindest versuchen zu verstehen, warum.

Auf dem Gelände tummeln sich 50 Traktoren und Schlepper. Ältestes Ausstellungsstück ist ein nicht mehr fahrtüchtiger Fordson aus dem Jahr 1908, der mit seinen großen, eisenbereiften Rädern so aussieht, als wäre er gerade einem Stummfilm entsprungen. Ein Lanz, Baujahr 1950, kann durchaus noch bewegt werden. Allerdings muss er dazu mit einer Lötlampe angeheizt und dann angekurbelt werden. Die meisten ausgestellten Trecker sind Privateigentum, nur einer, vom Typ »Pionier«, wie er vor vielen Jahren in der DDR-Landwirtschaft eingesetzt wurde, ist Vereinseigentum. Auf eBay werden solche Modelle mittlerweile für Zehntausende Euro gehandelt.

Adresse Stolper Straße 1D, 17406 Usedom, www.traktoren-welt-usedom.de, Google-Map-Code VWHM+R2 Usedom | ÖPNV Bus 282, 283, 284, 287, Haltestelle Usedom Schule | Anfahrt B 110 Usedom | Öffnungszeiten Mi–So 11–16 Uhr; Sonderöffnungen für Gruppen sowie Führungen nach Voranmeldung unter Tel. 0160/4407999 | Tipp Wer sich für noch mehr alte Kisten interessiert: In Peenemünde gibt es in der Fährstraße 1 einen Oldtimerhandel (www.oldtimer-peenemuende.de).

98 Die Inselkäserei

Von der Alm in die Usedomer Schweiz

Steffen Schultze ist zwar ein Zugereister, aber in den letzten Jahren dürfte wohl kein Buch über Usedom erschienen sein, in dem er nicht erwähnt wurde. Dadurch ist seine Geschichte in der Fremde möglicherweise bekannter als am Ort seines Wirkens. Dort hält ihn so mancher für einen Schweizer, wozu ja auch irgendwie passt, dass er seine Käserei unweit der Ausläufer der Usedomer Schweiz aufgeschlagen hat.

Eigentlich kommt Steffen Schultze aus dem Schwarzwald. Doch sein Käse-Know-how hat er in der Schweiz erworben. Ursprünglich wollte er einen Hof im Elsass oder in heimatlichen Gefilden betreiben, allerdings ist dort ein erheblich größerer Kapitalstock nötig als an der Küste. Also ging er nach der Jahrtausendwende nach Usedom und eröffnete seine Käserei in einem Gehöft, das schon im 12. Jahrhundert erbaut wurde, am Südrand der Insel.

Bei seiner Käseproduktion gilt es, einige Herausforderungen zu meistern. Im Unterschied zu vielen ortsansässigen Bauern hat die Inselkäserei keine eigene Milchproduktion. Er ist also auf Bauern in der Nachbarschaft angewiesen, die ihm die Bio-Milch liefern, die er für seinen Käse braucht, und zwar in den Mengen, die er verarbeiten kann. Wenn ein Bauer in der Nachbarschaft seine Produktion umstellt, muss der Inselkäser sich neue Lieferanten suchen.

Dennoch hat Steffen Schultze es geschafft, ein gutes Dutzend Sorten auf den Markt zu bringen: nach Schweizer Rezepten, riesige Laibe, die ungefähr einen halben Meter Durchmesser haben und bis zu 30 Kilogramm schwer sind. In der Scheune hat er eine Probierstube eingerichtet, in der Käserei gibt es nebst Werkzeugen wie Käseharfen einen echt Schweizer Käsekessel. Wenn man hört, wie Steffen Schultze über seine Arbeit spricht, und sieht, mit welcher Hingabe er die Käserei betreibt, dann begreift man: Das Produkt mag Käse sein, die Arbeit Handwerk, aber eigentlich geht es hier um Kunst.

Adresse Welzin 30, 17406 Welzin, www.inselkaese.de, Google-Map-Code VX27+V8 Usedom | **ÖPNV** Bus 287, Haltestelle Usedom Welzin | **Anfahrt** B 110 Paske, Abzweig Richtung Stolpe | **Öffnungszeiten** Mo – Sa 10 – 16 Uhr, So 13 – 16 Uhr, im Sommer eine Stunde länger | **Tipp** Wenn einen auf dem Weg zur Käserei schon der Hunger packt: Im Snack am Hafen (Wieckstraße 12) kann man sich unterwegs stärken.

99_Das Blaue Wunder

Wunder gibt es immer wieder

Die letzte Brücke, die Wolgast mit der Insel verband, erlitt das Schicksal der meisten Brücken in der Region: Sie wurde beim Rückzug der Wehrmacht gesprengt. Die Teile lagen einige Jahre im Wasser, bevor sie geborgen werden konnten. Mit ihnen wurde dann in den 1950er Jahren eine neue Brücke zwischen Wolgast und Usedom errichtet.

Im Lauf der Jahrzehnte kam die »Brücke der Freundschaft« an ihre Grenzen. Mitte der 1990er Jahre begann man daher mit einem Neubau. Ursprünglich wollte man die alte Straßenbrücke durch eine neue ersetzen, denn der Schienenverkehr ging in jenen Jahren immer mehr zurück. Doch zum Glück entschied man sich dafür, neben der Straßenverbindung auch eine Eisenbahnverbindung zu schaffen. Dafür musste die Inselseite der Brücke völlig neu gestaltet werden, weshalb sich dieser Teil der Strecke – für die Gegend recht untypisch – ziemlich großstädtisch anfühlt.

Die neue Straßenbrücke wurde schon nach zwei Jahren eröffnet. Der für die Eisenbahn vorgesehene Teil musste noch bis zur Jahrtausendwende warten, aber dann hatte Usedom nach 25 Jahren endlich wieder eine Bahnverbindung zum Festland. Die neue Brücke ist ein technisch ziemlich anspruchsvolles Projekt, was der Laie auch glaubt, ohne den Fachbegriff Waagbalken-Klappbrücke zu kennen. Es sieht recht kompliziert aus, wenn die Brücke sich hebt und wieder senkt, um dem Schiffsverkehr Platz zu machen. Und sie ist blau, was den Namen »Blaues Wunder« mehr als plausibel macht.

So schick das neue Teil auch ist, der Verkehr fließt immer noch durch die Stadt. Deshalb begannen 2023 im Süden von Wolgast die Arbeiten an einer neuen Brücke, die laut Plan 2028 fertig sein soll. Und zum Abschluss ein Verkehrshinweis: Bauarbeiten wie die Ortsumgehung bei Wolgast machen immer wieder Einschränkungen nötig. Die Verwaltung der Insel bemüht sich jedoch, in der Hauptsaison Sperrungen zu vermeiden.

Adresse Hafenstraße 3, 17438 Wolgast, Google-Map-Code 3Q3P+WP Wolgast | **ÖPNV** Bus 271, 272, Haltestelle Hafen | **Anfahrt** B 111 Wolgast | **Tipp** Ein Teil der alten Brücke kann auf dem Hafenvorplatz besichtigt werden.

100 Die Fähre »Stralsund«

Ein Schiff und seine Geschichte

Die Eisenbahnfähre »Stralsund«, so steht es korrekt auf der Webseite des Vereins, der sich um den Erhalt des alten Pottes kümmert, ist das älteste Dampf-Eisenbahnfährschiff der Welt. Es war über 100 Jahre im Einsatz. Das allein wäre ja ein guter Grund, es für die Nachwelt zu bewahren. Und darüber hinaus spiegelt sich in der Geschichte dieser schwimmenden Nussschale die wechselhafte Historie der Region wie in kaum einem anderen Objekt.

Das Fährschiff wurde in Elbing in Westpreußen gebaut. Es transportierte Züge zwischen der Hafenstadt und der Insel. Das war 1890. Als es für den Rügen-Verkehr zu klein wurde, kam es nach Swinemünde und wurde dort eingesetzt, wo heute noch die Stadtfähre verkehrt (siehe Ort 83).

Im Zweiten Weltkrieg transportierte das Schiff Raketen und Baumaterial nach Peenemünde (siehe Ort 66). Kurz vor Ende des Krieges sollte die »Stralsund« gesprengt werden, was die Besatzung verhinderte. Nach dem Krieg wurde sie wieder nach Peenemünde geschickt. Diesmal sollte sie Raketen und Baumaterialien Richtung Sowjetunion bringen.

Als auch diese Aufgabe erledigt war, kehrte sie nach Wolgast zurück, wo sie die letzte Eisenbahnverbindung nach Usedom aufrechterhielt. Während Fahrgäste am Festland aussteigen und über die Brücke laufen mussten, bevor sie auf der Insel wieder in den Zug steigen konnten, transportierte die »Stralsund« Kurswagen und Güterwagen vom Festland zur Insel. Je älter sie wurde, desto schwerer fiel ihr das. Weil schließlich die Dampfmaschine streikte, wurde das Schiff am Ende von einem Schlepper gezogen oder geschoben.

Irgendwann war dann auch damit Schluss. Die »Stralsund« sollte aufs Altenteil abgeschoben, sprich verschrottet werden. Das gefiel aber einigen Wolgastern nicht. Sie gründeten einen Verein, der das Schiff überholte und für Besichtigungen fein machte. Fahren kann die »Stralsund« jetzt nicht mehr, aber das hat sie ja auch lange genug getan.

Adresse Hafenstraße 6, 17438 Wolgast, www.dampffaehrschiff-wolgast.org | ÖPNV Bus 271, 272, Haltestelle Hafen | Anfahrt B 111 Wolgast Hafen | Öffnungszeiten Di–Fr 10–16 Uhr, in der Nebensaison deutlich seltener | Tipp Wer nicht mit dem Auto unterwegs ist, kann immer noch mit einer Fähre auf die Insel übersetzen. Zwischen Kamp und Karnin (siehe Ort 36) gibt es eine Fahrradfähre, die auch von der Reederei Peters (siehe Tipp zu Ort 1) betrieben wird.

101 Die Flechtwerkstatt

Das edle Weidwerk

Wenn Usedom eine Oper von Wagner wäre, dann wäre das Leitmotiv ein Strandkorb. Dieser Gegenstand tauchte in diesem Buch ja schon zweimal auf. Jetzt, kurz vor Schluss, kommt eine Variation.

Anja Müller ist Korbflechterin. Was sie an Material braucht, schneidet sie selbst. Das Rohmaterial wird im Winter gesammelt. »In der Zeit ist Saftruhe, und die Zweige sind trockener. Ich brauche Jahrestriebe, schmale, gerade und unverzweigte Ruten«, erklärt sie. Dank ihres Jobs weiß sie, wo in der Gegend die guten Korbweiden stehen. Was gesammelt wurde, muss zuerst getrocknet werden. Später wird es wieder biegsam gemacht, und dann geht es ans Flechten.

Anja Müller ist Quereinsteigerin. Bevor sie ihre Werkstatt aufmachte, arbeitete sie bei einer Bank. Dann nahm sie eher aus Spaß an einem Flechtkurs teil. Schon nach den ersten Versuchen war ihr klar, dass das mehr als ein Hobby werden könnte. Beim ersten Kurs blieb es nicht. Weitere Schulungen bei Meistern ihres Faches folgten, schließlich lernte sie an der Staatlichen Fachschule für Flechtwerkgestaltung. Die gibt es wirklich, und falls es jemanden interessiert: Sie steht in Lichtenfels. Als Anja Müller dann genug für ihre Profession gelernt hatte, war es endlich so weit: Sie konnte – sorry, aber das muss jetzt mal sein – der Bankerei den Korb geben.

Die Ware wird im Laden, auf Märkten und Hoffesten angeboten. Die Werkstatt in Wolgast steht für Interessenten offen. Wer will, kann Anja Müller über die Schulter gucken oder auch mal ein Praktikum machen. Oder sogar einen Kurs. Neben der Werkstatt gibt es auch eine Ferienwohnung, aber das muss man eigentlich nicht betonen. Auf und um Usedom herum hat – zumindest ist das der Eindruck – jeder eine Ferienwohnung. Und die paar Leutchen, die keine haben, huschen mit hochgeschlagenem Mantelkragen und gesenktem Kopf durch die Straßen und hoffen, dass die Nachbarn sie nicht erkennen und auslachen.

Adresse Schusterstraße 27, 17438 Wolgast, Tel. 03836/2382366 oder 0176/57624909, www.verflochtenes.de, Google-Map-Code 3Q3G+XQ Wolgast | ÖPNV Bus 271, 272, Haltestelle Hafen | Anfahrt B 111 Wolgast, ins Zentrum | Öffnungszeiten Werkstattbesichtigung nach tel. Vereinbarung | Tipp Gut für eine Frühstücks- oder Mittagspause: das »Onkel Ben's« am Rathausplatz. Ob es auch Reis gibt? Haben wir nicht gefragt.

102 Das Postel

Wenn der Postmann nicht mehr klingelt

Der Name des Postels ist noch leicht zu erklären. Was es aber ist? Da wird es schon etwas komplexer. Fangen wir mit dem Einfachen an: Das Postel war für lange Zeit eine Post. In dem Briefkasten am Eingang, der längst nicht mehr gelb angestrichen ist, landen heute ab und zu noch Briefe. Als die Post geschlossen wurde, zog ein Hostel ein. In den Anfangsjahren war noch die Rede vom »Post-Hostel«, später setzte sich die Verkürzung durch: Postel.

Allerdings ist das Postel schon längst kein Hostel mehr. Übernachten kann man hier zwar immer noch, aber statt Gemeinschaftszimmern gibt es im Haus nun Ferienwohnungen. Außerdem einen Indoor-Fußballplatz, Seminar- und Tagungsräume, zwei Saunen und Co-Working-Spaces. Und wer Kaffee trinken will, kann das auch. Der kommt übrigens aus einer Siebträgermaschine. Die Atmosphäre ist freundlich familiär, man ist mit allen schnell per Du.

Dieser Mix aus Übernachtungsmöglichkeit, Arbeitsplatz und Freizeitstätte funktioniert sehr gut und wurde bald ein fester Bestandteil des Alltags in Wolgast, woraufhin sich der Geschäftsführer des Postels immer mehr in die Kommunalpolitik einbrachte, schließlich zur Bürgermeisterwahl antrat und diese 2022 tatsächlich auch gewann.

Ein Bürgermeister mit Zugriff auf den Etat und mit eigenem Etablissement, da war der Interessenkonflikt vorprogrammiert. Die Schlagzeilen der Opposition konnte man sich schon vorstellen: »Hat das Poste(l)ngeschacher endlich ein Ende?« Oder so ähnlich. Damit es gar nicht erst so weit kam, zog sich der frischgebackene Bürgermeister mit der Amtsübernahme aus dem Postel zurück und überließ die Arbeit seinen Kollegen.

Der Laden läuft seitdem nicht schlechter. Was vermutlich auch an dem vielseitigen Kulturangebot liegt. Es gibt eine offene Bühne, wo sich jeder mal ausprobieren kann, dazu Inszenierungen von und für Jugendliche, Musik natürlich auch.

Adresse Breite Straße 26, 17438 Wolgast, www.post-aus-wolgast.de, Google-Map-Code 3Q3F+6M Wolgast | **ÖPNV** Bus 274, Haltestelle Wolgast Breite Straße | **Anfahrt** B 111 Wolgast, ins Zentrum | **Tipp** Wer ein Faible für ungewöhnliche Unterkünfte hat, sollte sich in der »Boje06« in der Kulmstraße 6 in Heringsdorf einquartieren. Dort nächtigt man in Kojen und Kabinen.

103 Der Schiffsausrüster Hahn

Mehr als ein Hauch von hoher See

Ein Hafenmeister oder ein Schiffsausrüster ist eigentlich eine äußerst prosaische Angelegenheit. Man legt an, latscht in das Büro des Hafenmeisters, zahlt seine Liegegebühr und holt sich – falls vorhanden – noch den Schlüssel für die Toiletten oder Duschen. Und falls beim Päckchenliegen was schiefgegangen ist, braucht man vielleicht noch einen Tampen oder was fürs Positionslicht.

Beim Schiffsausrüster im Hafen von Wolgast läuft das anders. Der ist eine Institution. Nicht nur bei Leuten, die mit Schiffen oder Wassersport zu tun haben. Einige in Wolgast haben überhaupt keinen Bock darauf, mehr Zeit als nötig auf dem Wasser zu verbringen. Sie machen aber dennoch, wann immer es sich einrichten lässt, eine Runde zum Hafen und finden dabei »ganz zufällig« einen Grund, einen Blick in den Laden des Hafenausrüsters zu werfen.

Irgendjemand hat mal im Netz geschrieben: »uriges Ladengeschäft«. Nun soll man nicht alles glauben, was im Internet steht, aber »urig« trifft es tatsächlich ganz gut. Denn zum einen gibt es dort alles – und vermutlich noch mehr –, was man brauchen könnte, wenn man mit dem Boot unterwegs ist. Zudem steht da auch noch jede Menge Zeug, was man früher vielleicht mal hätte gebrauchen können. Und dann gibt es noch Schiffsmodelle und andere Reliquien aus alten Zeiten. Das kann manchmal nur ein Schild oder Brett sein, aber eine gute Geschichte hat jedes Teil. Und der Mann, der diese Geschichten erzählen kann und der den Laden seit Ewigkeiten führt, ist zweifelsohne die Hauptattraktion. Herr Hahn sieht so aus, wie man sich als Landratte einen Seebär vorstellt, der mindestens einmal bei Windstärke zwölf um Kap Hoorn gesegelt ist. Vielleicht ein Meteoriteneinschlag im Hafen, aber sonst dürfte es kaum etwas geben, das den Hafenmeister aus der Ruhe bringt. Diese Gelassenheit prägt auch die Räume und überträgt sich auf jeden, der das Büro betritt.

Adresse Hafenstraße 6, 17438 Wolgast, www.schiffsausruester.de, Google-Map-Code 3Q3M+7R Wolgast | ÖPNV Bus 271, 272, Haltestelle Hafen | Anfahrt B 111 Wolgast Hafen | Öffnungszeiten Mo–Fr 9–12 und 14–18 Uhr, Sa 9–12.30 Uhr | Tipp Der Kai des Hafens gehört zur Schlossinsel, die in den nächsten Jahren touristisch aufgewertet werden soll. Man kann ja schon jetzt mal einen Rundgang machen.

104 Die Weiße Düne

Auf dem »Bodem« am Bodden

Das Segelschiff »Weiße Düne« wurde vor über 100 Jahren in Holland gebaut, insofern könnte man von einer Reise weit weg von den Wurzeln sprechen, doch eigentlich hat das Boot erst auf Usedom wieder zu seiner ursprünglichen Bestimmung gefunden.

Von der Konstruktion her ist die Weiße Düne ein sogenanntes Platbodem-Schiff. Da aber den Namen hierzulande jeder für einen Schreibfehler halten würde, sagt man auf Deutsch Plattboden, was seinen Charakter auch ganz gut beschreibt. Das Boot hat einen flachen Boden, und weil es kein Ruder am Heck hat, sondern zwei an der Seite, die wie Ohren eines Cocker Spaniels aussehen, keinen großen Tiefgang.

Nach der Taufe im Jahre 1909 wurde das Boot lange als motorloser Frachter eingesetzt. Nach diversen Umbauten und Schicksalsschlägen – zwischenzeitlich kam ein Motor rein und einmal sank es auch – landete die Weiße Düne in Ostfriesland, von wo sie, wieder zum Segelschiff umgebaut, Exkursionen nach Usedom unternahm, jedoch noch immer in Leer überwinterte. 2011 kaufte die Kapitänin Jane Bothe das Schiff, und seitdem sind die Gewässer rund um Usedom dessen Heimatrevier. Die Weiße Düne steht für Segelausflüge aller Art zur Verfügung. Da der ehemalige Frachter immer noch einen großen Bauch hat, passen etwa 50 Leute rein, und die können die Tour so gestalten, wie sie wollen.

An Bord der Weißen Düne können Hochzeiten gefeiert oder Ausflüge und Betriebsfeiern unternommen werden. Einfach drauflosschippern ist natürlich auch möglich. Dabei fährt das Boot in der Regel unter Segeln, der Motor wird nur eingeschaltet, wenn es nicht anders geht. Wegen der Umwelt, außerdem passt es besser zur Düne. Die Tagesfahrten dauern zwischen drei und neun Stunden, wer mehr oder was anderes will, muss sich absprechen. Einfach an Bord sitzen und aufs Wasser gucken geht genauso wie mit anpacken. Dabei kann man sich dann fast wie ein richtiger Seebär fühlen.

Adresse Hafenstraße 4, 17438 Wolgast, www.weisse-duene.com, Google-Map-Code 3Q3M+8W Wolgast | ÖPNV Bus 271, 272, Haltestelle Hafen | Anfahrt B 111 Wolgast Hafen | Tipp Früher war Neppermin der Heimathafen der Weißen Düne, er wird auch heute noch von ihr angefahren. Und wer in Neppermin ist, sollte einen Blick ins KunstHaus Usedom werfen, wo es Kunst von vielen für fast alle gibt (An der Landstraße 1).

105 Der Bücherbaum

Aus dem richtigen Holz geschnitzt

Wenn es keinen brauchbaren Superlativ gibt, muss man eben in die andere Richtung denken. Zempin ist nicht nur das kleinste der vier Bernsteinbäder, sondern auch das kleinste Ostseebad auf Usedom überhaupt. Aber das bedeutet ja nicht, dass man sonst keine Ideen hat. So gibt es zum Beispiel auf dem Dorfplatz einen Bücherbaum.

Auch dieser Einfall hat schon ein paar Jährchen auf dem Buckel, gern werden dafür Telefonzellen oder Regale in Kneipen oder bei Friseuren genutzt. Jemand hat ein Buch ausgelesen, also legt er es im Bücherbaum ab und nimmt sich dafür ein neues. Das funktioniert überraschend gut, und jede Transaktion ist ein Schlag ins Gesicht all derer, die dachten, mit dem Aufkommen von Kindle und Co. gehe die Ära des gedruckten Buches zu Ende.

Auf Usedom gibt es auch private Bücherbäume – die Telefonzelle vor der Villa Kunterbunt (siehe Ort 61) fällt zum Beispiel in diese Kategorie. Die Idee zum Bücherbaum in Zempin kam jedoch vom Bürgermeister. Und weil er mehr als eine alte Hütte auf dem Platz installieren wollte, beauftragte er den Künstler Raik Vicent, einen besonderen Bücherbaum für Zampin zu zimmern. Herausgekommen ist dabei ein ganzes Ensemble. Unter anderem eine Sitzbank, an deren einem Ende sich Fächer mit Türen befinden, in denen die Bücher einigermaßen geschützt vor Witterungseinflüssen abgelegt werden können.

Raik Vicent hat – wie nicht wenige auf Usedom – erst im zweiten Anlauf seine künstlerische Ader entdeckt. Inzwischen hat er ein Atelier auf Dänholm, das ist die Insel, die zwischen Stralsund und Rügen liegt. Dort kann er ungestört an neuen Werken fräsen, schneiden und sägen.

Vicent arbeitet mit Motorsägen, ein namhafter Hersteller gehört zu seinen Sponsoren. Kunstwerke aus seiner Hand stehen an mehreren Stellen der Insel. In der Stadt Usedom zum Beispiel kann noch ein weiterer Bücherbaum bewundert werden.

Adresse Peenestraße 2, 17459 Zempin, Google-Map-Code 3X64+V8 Zempin | ÖPNV Bus 283, Haltestelle Zempin | Anfahrt B 111 Zempin | Öffnungszeiten auch Kurse im Atelier buchbar, Infos unter www.holzskulpturen-vicent.de | Tipp Wer Bäume am liebsten unbearbeitet mag: In Ückeritz, ganz in der Nähe, gibt es die größten Buchenwälder der Insel.

106 Uns olle Schaul

Non scolae sed vitae discimus

Für alle, bei denen das große oder kleine Latinum schon eine Weile zurückliegt: »Non scolae sed vitae discimus« bedeutet »Nicht für die Schule, sondern für das Leben lernen wir«. Und »Uns olle Schaul« steht für »Unsere alte Schule«, was wohl eher als liebevolle Erinnerung gemeint ist, denn historisch gesehen war das 1928 eingeweihte Gebäude die dritte Schule in Zempin. Der erste Lehrer im Ort ist für das 18. Jahrhundert nachgewiesen, es soll ein Schneider gewesen sein, der für seinen Unterricht keinen Lohn bekam, sondern dafür umsonst sein Vieh auf den Weiden der Gemeinde grasen lassen durfte.

Am 19. Juli 2000 fand dann tatsächlich der allerletzte Schultag in der »ollen Schaul« statt, und kurz darauf beschloss man, aus der alten Penne ein Heimatmuseum zu machen, in dem die Besucher nicht nur für die Schule, sondern auch etwas fürs Leben lernen.

Das Museum gliedert sich in drei Räume. Im ersten findet man Schiffsmodelle, die der damals schon hochbetagte Fischer Konrad Tiefert angefertigt hat. Viele von ihnen sind funktionsfähig, und da Tiefert sich von Berufs wegen mit ihnen auskannte, sind sie auch originalgetreu geworden. Aber auch damit war Tiefert im Alter offenbar nicht ausgelastet. 2015 veröffentlichte er das Buch »Leben und Fischen auf Usedom«, in dem er von seinen Erfahrungen und Erlebnissen beim Fischen und in zwei Weltkriegen erzählte. Das Buch gibt es heute nur noch antiquarisch, aber wer sich für die Geschichte eines Usedomer Fischerdorfes quasi »von unten« interessiert, der findet hier eine Menge Material.

Das zweite Zimmer ist für Kunstwerke reserviert, so sind hier unter anderem Werke des Lokalmatadoren Oskar Niemeyer-Holstein zu sehen. Im dritten Raum, dem ehemaligen Paukerzimmer, befindet sich die Einrichtung eines Kolonialwarenladens, mit Registrierkasse und allem Drum und Dran. Für viele ist dieser alte Kaufmannsladen der Höhepunkt der Ausstellung.

Adresse Fischerstraße 11, 17459 Zempin, www.museen.de/uns-olle-schaul-zempin, Google-Map-Code 3X63+VW Zempin | ÖPNV Bus 283, Haltestelle Zempin | Anfahrt B 111 Zempin | Öffnungszeiten Mai–Sept. Mi, Sa 15–18 Uhr | Tipp »Uns Fischers Arbeitshütt« ist ein ähnlich konzipiertes Heimatmuseum bei den Salzhütten in Koserow (Am Strande 1).

107 Die Blechbüchse

Die Urlaubswelt ist eine Bühne

Die »Blechbüchse« ist ein Spielort der Vorpommerschen Landesbühne, die man tunlichst nicht mit dem Theater Vorpommern verwechseln sollte. Zum Theater Vorpommern gehören die Bühnen in Greifswald und Stralsund, die Landesbühne hingegen besteht aus dem Theater Anklam und einigen umliegenden Spielorten – wie eben der »Blechbüchse«. Den Spitznamen versteht man sofort, wenn man das Gebäude sieht. Bevor hier Theater gespielt wurde, diente die Halbröhre als Lagerhalle, in der – was sonst – Strandkörbe aufbewahrt wurden.

Der Theatervorhang hob sich in der »Blechbüchse« zum ersten Mal am 4. Juli 1997. Knapp 300 Zuschauer passen rein. Seit der Jahrtausendwende kann hier Schauspiel studiert werden, Studentin Nummer eins war Juliane Beyer, die aus Zinnowitz stammt. Für die Eleven ist die »Blechbüchse« als Campus ein super Ort, aber auch die Gastlehrkräfte – berühmte Namen von Gisela May bis Konstantin Wecker – dürften bereits an weniger attraktiven Orten gewirkt haben.

Ebenfalls seit 1997 werden auf der benachbarten Freilichtbühne die Vineta-Festspiele aufgeführt, die möglicherweise auch deshalb erfunden wurden, weil es auf Rügen schon seit geraumer Zeit die Störtebeker-Festspiele gab. Doch damit vergleicht das Spektakel niemand mehr. Die Vineta-Festspiele sind mittlerweile einer der Höhepunkte der Sommersaison. Sie waren von Anfang an ein Erfolg, der erst durch Corona in die Pause gezwungen wurde und dann das Ableben des Spiritus Rector Wolfgang Bordel verkraften musste. Seit 2023 läuft aber alles wieder. Das Fantasy-Spektakel um die Bewohner der untergegangen Stadt wird in der Hauptsaison zweifellos erneut ein großes Publikum anziehen.

In der »Blechbüchse« wird während der Spielzeit durchaus nicht nur Seebad-kompatibler Stoff geboten. Neben Dramen und Komödien werden Konzerte, Kleinkunst oder Vorträge organisiert. Und im Winter sind die Neujahrskonzerte besonders beliebt.

Adresse Seestraße 8, 17454 Zinnowitz, www.vorpommersche-landesbuehne.de, Google-Map-Code 3WH8+HM Zinnowitz | ÖPNV Bus 73, Haltestelle Zinnowitz Kurverwaltung | Anfahrt B 111 Zinnowitz | Tipp Das Festival »Meeresrausch«, das alljährlich im Sommer stattfindet, ist ebenfalls eine Open-Air-Veranstaltung (www.meeresrausch-festival.de).

108 Das Club-Kino

Cinema Paradiso – ein Leben für den Film

Die Geschichte, dass Leute ihre Liebe zum Film entdecken, weil das Kino schon von Kindesbeinen als magischer Ort erlebt wurde, gibt es ziemlich häufig. Sie wird auch gern als Film erzählt, »Cinema Paradiso« ist vermutlich der bekannteste. Es kann auch um einen Typen in einer Videothek gehen, dann heißt der Held Quentin Tarantino, geht es um Schnipsel von Super-8-Filmen, dann nennt er sich vermutlich Steven Spielberg. In den klassischen Geschichten marschiert der Held dann hinaus in die Welt, um das Publikum nach einigen Wirrungen und Irrungen mit eigenen Werken zu beglücken.

Aber es geht auch anders. Michael Hoppach, der Boss vom Club-Kino in Zinnowitz, ist mit Kinofilmen aufgewachsen. Sein Vater war Filmvorführer, möglicherweise war ihm das Rattern der Filmstreifen durch die Projektoren vertrauter als das Weckerklingeln zu Hause. Anfang der 1990er Jahre übernahmen Vater und Sohn die Leitung des Kinos, bald darauf haben sie es dann gekauft.

Das Club-Kino ist das einzige »reguläre« Kino auf Usedom, zumindest was die deutsche Seite betrifft. In Swinemünde gibt es ein Multiplex im Shoppingcenter »Corso«, das amerikanische Filme in Originalversionen zeigt, und an der Promenade findet man noch ein 3-D-Kino, das jedoch nicht alle Besucher überzeugt.

Michael Hoppach will vor allem das Publikum in seinem Umfeld glücklich machen. Deshalb hat er im großen Kinosaal die Bestuhlung geändert. Hier stehen nun 90 Tische mit Stühlen, an denen man per Knopfdruck während der Vorstellung Getränke und Popcorn ordern kann. 3-D-Vorführungen sind auch möglich – nimm das, Swinemünde! Den Saal hat er so gestaltet, dass Wohnzimmeratmosphäre aufkommt. Für ihn selbst wäre das nicht nötig gewesen – er wohnt über dem Kino –, aber dem Publikum gefällt's. Und wer ganz »normal« Filme sehen will, kann das in einem separaten Raum mit regulärer Reihenbestuhlung tun.

Adresse Neue Strandstraße 20, 17454 Zinnowitz, www.club-kino.de, Google-Map-Code 3WH6+79 Zinnowitz | **ÖPNV** Bus 273, Haltestelle Zinnowitz Kurverwaltung | **Anfahrt** B 111 Zinnowitz | **Tipp** Wer das American-Graffiti-Feeling sucht: In Koserow, direkt an der B 111, gibt es ein Autokino, das ebenfalls von Michael Hoppach betreut wird.

109__Das Lift-Café

Per aspera ad astra

Ob man solche Marketingbegriffe wirklich immer so ernst nehmen muss, sei dahingestellt, aber nach offiziellen Quellen gibt es vier Bernsteinbäder auf Usedom: Ückeritz, Loddin, Koserow und Zempin. Die Begründung für den Namen Bernsteinbäder – hier soll besonders häufig Bernstein gefunden werden – nehmen wir mal einfach so hin. Aber dem Laien erschließt sich nicht so richtig, warum Zinnowitz kein Bernsteinbad sein darf. Es liegt schließlich nur ein paar Kilometer nördlich von Zempin.

Zumindest gibt es in Zinnowitz eine Bernsteintherme, und auch sonst hat der Ort alles, was man auf Usedom so braucht und erwartet: einen Strand, eine Promenade, Hotels und Ferienhäuser mit verspielten Fassaden. Aber leider fehlt der historische Edelrost, der die Kaiserbäder im Süden vereint. Also muss man nach anderen Mitteln und Wegen suchen, um aufzufallen.

Zu den Dingen, die niemand anders auf der Insel hat, gehört das Lift-Café. Es ist mittlerweile ziemlich bekannt, deshalb wird kaum noch jemand verblüfft aufschauen, wenn plötzlich die kleine verglaste rot-grüne Kuppel an der Straßenecke ihr Fundament verlässt und sich mit leisem Surren in lichte Höhen erhebt. Vor einem Dutzend Jahren war das vermutlich noch anders. Eine Attraktion ist das Lift-Café heute noch. Es wird gern gefilmt und fotografiert, egal, ob am Boden oder in der Luft.

Hinter dem Projekt steckt Andreas Wulff, der mit seiner Erfinder-Manufaktur so etwas wie der Daniel Düsentrieb der Insel ist. Sein Unternehmen beteiligt sich auch an »normalen« Aufgaben wie dem Rückbau des Atomkraftwerks in Lubmin, aber viel interessanter sind Ideen wie das Konzept für ein Meereswellenkraftwerk oder – zu Coronazeiten – ein Desinfektionsgerät für Einkaufswagen. Und das ist noch längst nichts alles. Die Tüftler haben noch ein weiteres Ass im Ärmel. Wer wissen will, womit sich das Wulff-Team sonst noch so beschäftigt, der muss sich nur bis zum übernächsten Kapitel gedulden.

Adresse Neue Strandstraße 30a, 17454 Zinnowitz, www.ostsee-lift-cafe.com, Google-Map-Code 3WJ7+9W Zinnowitz | **ÖPNV** Bus 273, Haltestelle Zinnowitz Kurverwaltung | **Anfahrt** B 111 Zinnowitz | **Öffnungszeiten** April–Nov. täglich 11–19 Uhr, Dez.–März Do–So 11–19 Uhr | **Tipp** Wer weiter in die Höhe will: Die Bernsteintherme in Zinnowitz (Dünenstraße 2) hat keinen Aussichtsturm – die Ostseetherme in Ahlbeck (Lindenstraße 60) dagegen schon.

110_Der Pub im Baltic Hotel

Wo die Insel-Legende Kontra gab

Ulli Wegner ist ein Boxtrainer. Ein Boxtrainer und eine Legende. In seinem Sport und auf Usedom. Man könnte sagen, Ulli Wegner ist auf Usedom das, was in Philadelphia Rocky war. Unter seinen Fittichen sind Boxer zu Welt- und Europameistern geworden, er war erfolgreich bei den Amateuren und im Profibereich. Egal, wo man sich auf der Insel befindet, überall stößt man auf seinen Namen. In diversen Läden und Cafés liegen seine Lebenserinnerungen in der Auslage, und in der Stadt Usedom gibt es sogar eine Ulli-Wegner-Sporthalle, in der man lernen kann, wie man richtig boxt.

Das Hotel Baltic in Zinnowitz ist vielleicht noch nicht legendär, aber auf jeden Fall eine Institution. Es ist mit 300 Zimmern das größte Hotel auf Usedom und hat zudem einen großzügigen Wellness-Bereich, der gern genutzt wird. Dass die Geschichte des Baltic-Hotels so erfolgreich verlief, hat auch mit Hans Dornbusch zu tun, der die Leitung und den Umbau des Hotels in den 1990er Jahren übernahm. In seinen jungen Jahren war Dornbusch selbst Sportler gewesen. Er spielte Handball, bis ein tragischer Unfall ihm diese Perspektive für immer verbaute.

In Zinnowitz gibt es auch eine Sportschule, die bei Profis und Amateuren einen guten Namen hat. Wer es einrichten kann und weiß, was gut für ihn ist, veranstaltet hier ein Trainingslager. Der FC Hansa Rostock bereitete sich hier schon auf die Saison vor. Die Klitschkos trainierten hier, und auch Ulli Wegner kam mit seinen Schützlingen gern hierher. Aber irgendwann war es auch mal genug mit dem Training. Dann ging Ulli Wegner in den Pub des Baltic Hotels, um dort mit Hans Dornbusch ein paar Runden Skat zu kloppen. Wenn möglich, war auch HSV-Legende Uwe Seeler dabei, denn auch der urlaubte immer wieder mal auf Usedom. Und wenn es sich anbot, war auch HSV-Urgestein Harry Bähre mit von der Partie. Beim Skat ging es gern bis spät in die Nacht. Meistens gewann der Chef. Und die anderen fragten sich, wie der das immer machte.

Adresse Dünenstraße 2, 17454 Zinnowitz, www.baltichotel.de, Google-Map-Code 3WM5+79 Zinnowitz | **ÖPNV** Bus 273, Haltestelle Zinnowitz Kurverwaltung | **Anfahrt** B 111 Zinnowitz | **Tipp** In Jatznick gibt es eine Max-Schmeling-Straße, die an den größten Sohn des Ortes und einzigen deutschen Schwergewichtsweltmeister im Boxen erinnert.

111 Die Tauchgondel

Zu guter Letzt

»Guten Tag. Wir möchten mit Ihnen …« – »Sie hatten gesagt, keine Seebrücken mehr.« – »Also …« – »Das waren Ihre Worte. In Koserow.« – »Eigentlich geht es diesmal eher um eine Tauchgondel.« – »Und wo steht die?« – »An einem Steg.« – »Das sieht mir aber verdammt nach einer Seebrücke aus.« – »Können wir jetzt endlich über die Tauchgondel reden? Dann ist auch wirklich Schluss. Mit den Seebr… – mit den Stegen, meine ich.« – »Versprochen?« – »Versprochen.«

Also. Der Vorläufer der Seebr…, sorry, des Stegs in Zinnowitz wurde schon 1897 eröffnet und im strengen Winter 1940/41 schwer beschädigt, weshalb er einige Jahre später abgerissen wurde. Falls Ihnen das jetzt bekannt vorkommt: Es ist nun mal dieselbe Küste wie bei Koserow und Ahlbeck. Da schlagen dann auch in der Regel dieselben Naturereignisse zu. Seit 1993 gibt es die neue Br…, also den neuen Steg, der auch ganz schön lang ist, aber natürlich nicht so lang wie die Seebrücke in Heringsdorf. Man will ja schließlich keine schlafenden Hunde wecken. Außerdem gibt es ja noch andere Möglichkeiten, um Besucher anzulocken.

Seit 2006 gibt es an der Seebr…, also am Steg in Zinnowitz eine Tauchgondel. Die Gondel wiegt 27 Tonnen und hat Platz für 26 Passagiere. Auf einer Tauchfahrt geht es vier Meter in die Tiefe, und dann läuft unten das volle Programm. Darüber hinaus Vorträge, 3-D-Filme …

»Aber es gibt doch auch draußen was zu sehen? Ich meine, so richtig im Meer?« – »Natürlich. Wenn Sie nicht nur an der Oberfläche bleiben wollen, dann müssen Sie den Blick in die Tiefe wagen.«

»Okay, dann guck ich mir das mal an.« – »Sie können auch nach Sellin fahren. Oder nach Grömitz. Oder nach Zingst. Da gibt es überall Tauchgondeln. Die kommen alle von unserem Andreas Wulff.« – »Interessant. Aber ich denke, ich bleibe erst mal lieber hier.« – »Na, dann noch viel Spaß auf Usedom!«

Adresse An der Strandpromenade 0, 17454 Zinnowitz, www.tauchgondel.de, Google-Map-Code 3WM8+MW Zinnowitz | ÖPNV Bus 273, Haltestelle Zinnowitz Kurverwaltung | Anfahrt B 111 Zinnowitz | Öffnungszeiten April, Mai, Sept., Okt. Di–Sa 10–18 Uhr, Juni–Aug. Di–Sa 10–19 Uhr, Nov.–März Mi–Sa 11–16 Uhr | Tipp Wer nach dem Ausflug in die Tiefe den Blick wieder nach oben richten will: Gothen am Gothensee unweit des Baumwipfelpfads (siehe Ort 25) ist ein Storchenparadies.

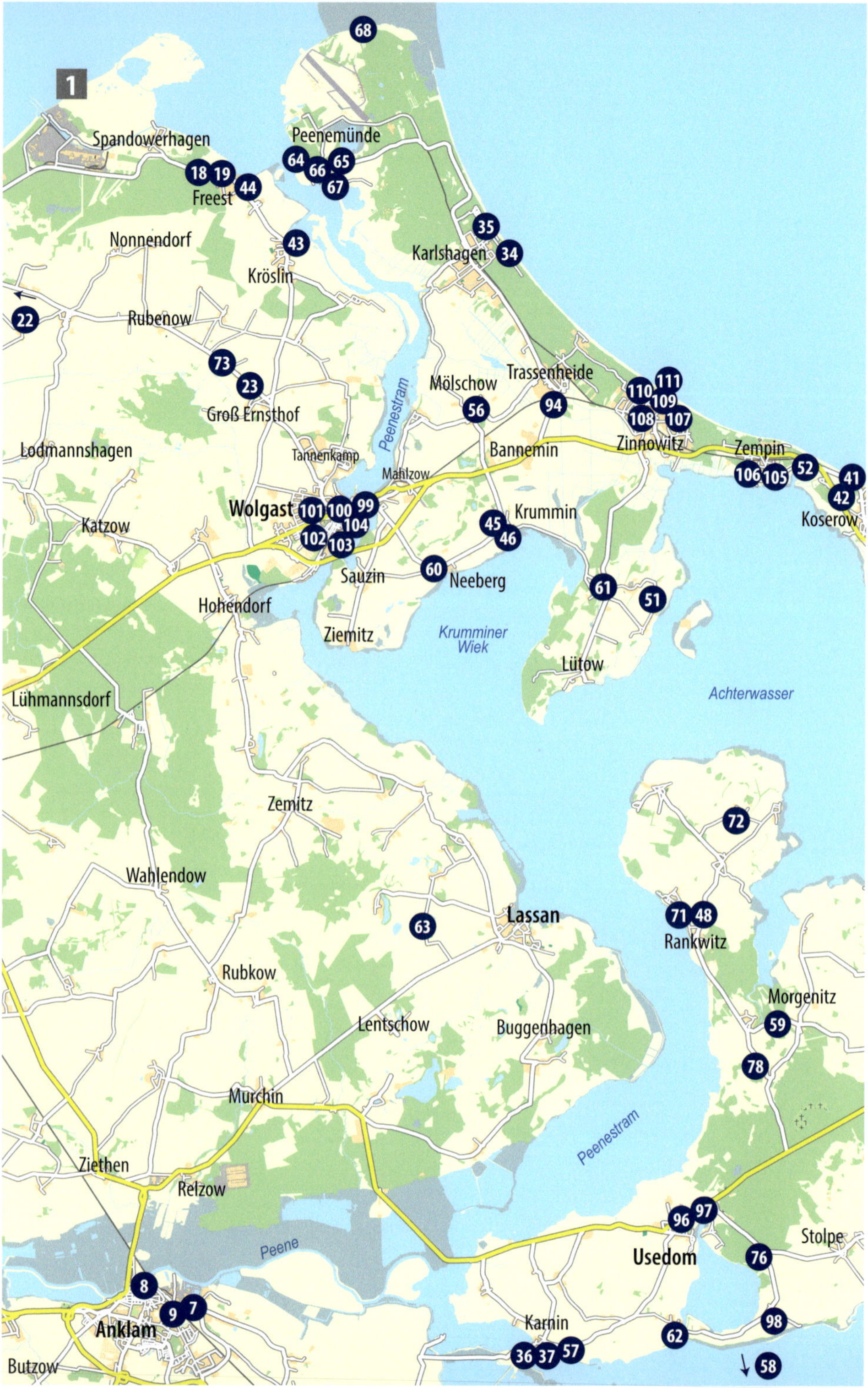
1
Spandowerhagen
Freest
Peenemünde
Karlshagen
Nonnendorf
Kröslin
Rubenow
Groß Ernsthof
Mölschow
Trassenheide
Zinnowitz
Zempin
Koserow
Peenestram
Lodmannshagen
Tannenkamp
Mahlzow
Bannemin
Wolgast
Katzow
Krummin
Sauzin
Neeberg
Hohendorf
Ziemitz
Krumminer Wiek
Lütow
Achterwasser
Lühmannsdorf
Zemitz
Wahlendow
Lassan
Rankwitz
Rubkow
Morgenitz
Lentschow
Buggenhagen
Murchin
Peenestram
Ziethen
Relzow
Peene
Usedom
Stolpe
Anklam
Karnin
Butzow

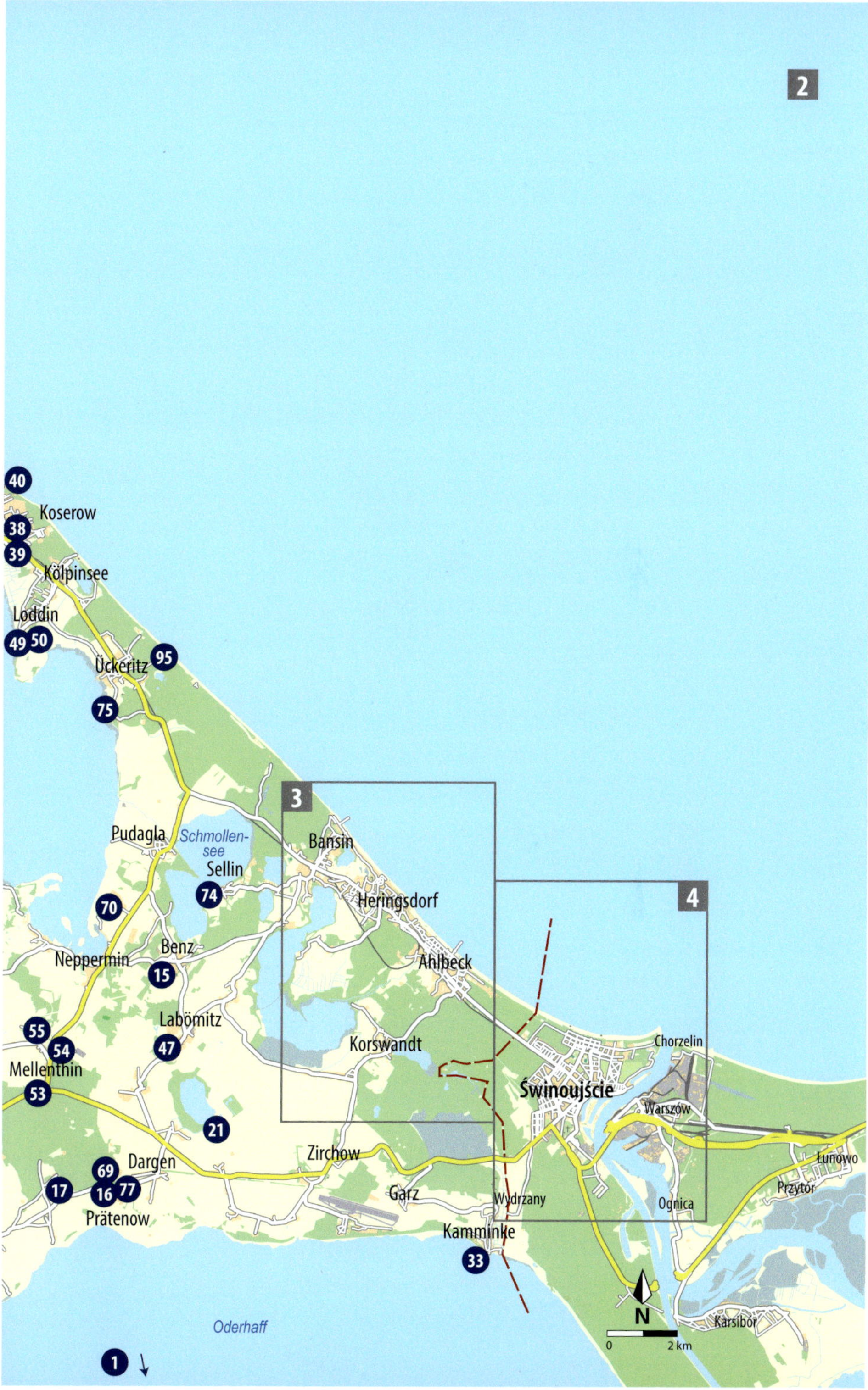
2
40
Koserow
38
39
Kölpinsee
Loddin
49
50
Ückeritz
95
75
3
Pudagla
Schmollen-
see
Bansin
Sellin
74
70
Heringsdorf
4
Benz
Neppermin
15
Ahlbeck
Labömitz
55
54
47
Korswandt
Chorzelin
Mellenthin
53
Świnoujście
Warszów
21
Zirchow
69
Dargen
Łunowo
17
16
77
Garz
Wydrzany
Ognica
Przytór
Prätenow
Kamminke
33
N
Karsibór
0
2 km
Oderhaff
1

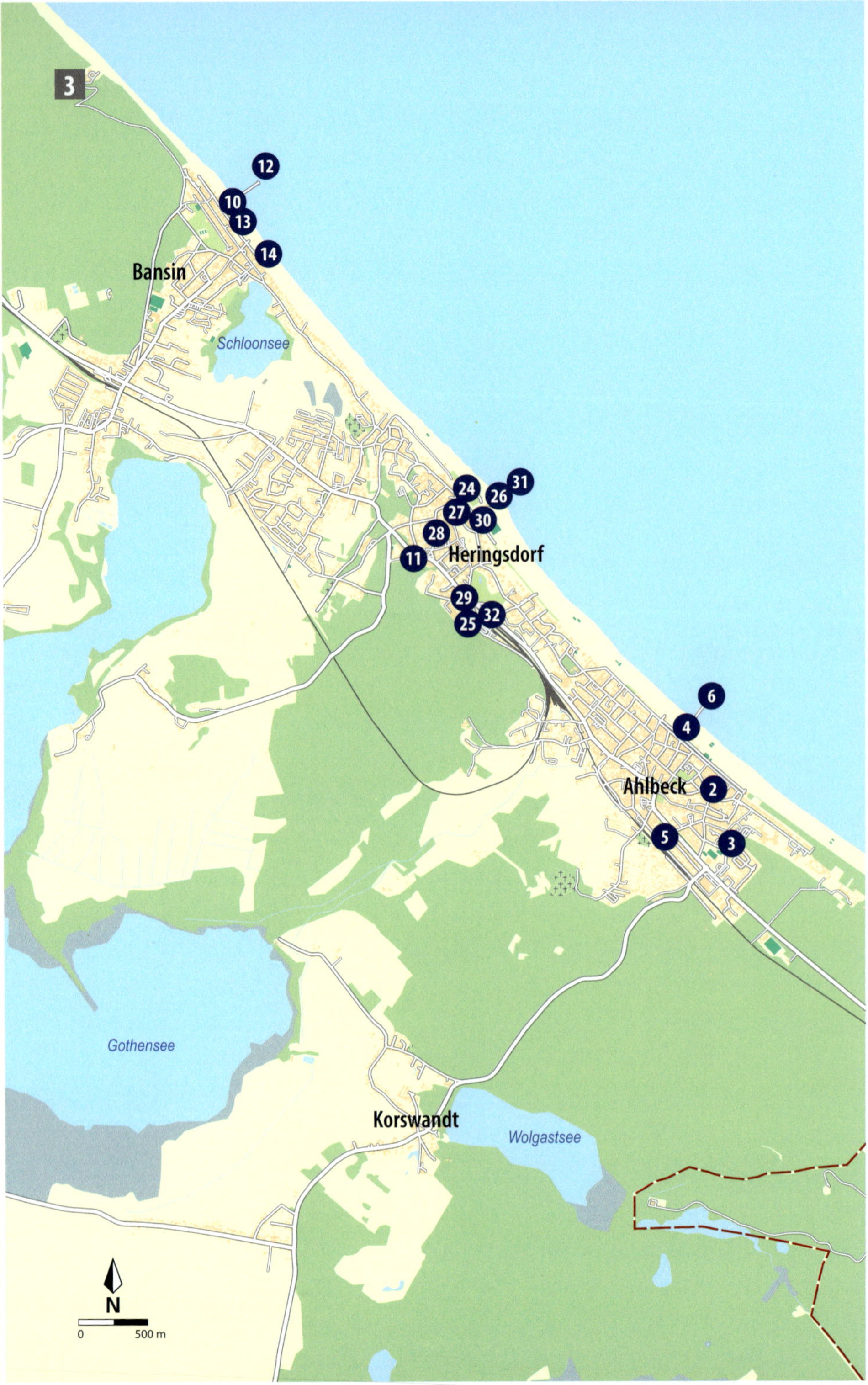
3
12
10
13
14
Bansin
Schloonsee
24
31
26
27
30
28
Heringsdorf
11
29
32
25
6
4
Ahlbeck
2
5
3
Gothensee
Korswandt
Wolgastsee
N
0
500 m

4
88
92
91
85
90
Chorzelin
Osiedle Posejdon
Dzielnica Nadmorska
84
80
ŚWINOUJŚCIE
Świna
89
82
81
87
Osiedle Matejki
79
Śródmieście
86
83
Warszów
Osiedle Zachodnie
93
20
Ognica
Wydrzany
N
0
500 m

Jana Jürß
111 Orte an der Mecklenburgischen Seenplatte, die man gesehen haben muss
ISBN 978-3-7408-2031-2

Michael Moll
111 norddeutsche Campingplätze, die man kennen muss
ISBN 978-3-7408-1266-9

Maren Kaschner, Anselm Neft
111 Orte auf Rügen, die man gesehen haben muss
ISBN 978-3-7408-1549-3

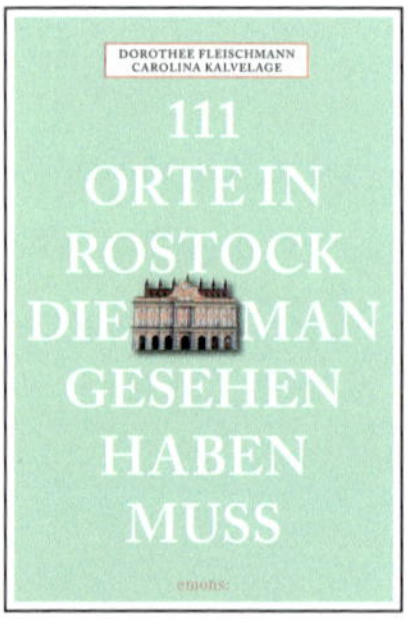

Dorothee Fleischmann, Carolina Kalvelage
111 Orte in Rostock, die man gesehen haben muss
ISBN 978-3-7408-1076-4

Alexandra Schlennstedt, Jobst Schlennstedt
111 Orte an der Ostseeküste Mecklenburg-Vorpommerns, die man gesehen haben muss
ISBN 978-3-7408-0742-9

Jela Henning
111 Orte in und um Schwerin, die man gesehen haben muss
ISBN 978-3-7408-0635-4

Jörg Dauscher
111 Orte in Danzig, die man gesehen haben muss
ISBN 978-3-7408-1572-1

Jeroen Kuiper
111 Orte in Warschau, die man gesehen haben muss
ISBN 978-3-7408-0978-2

Lena Schraml
111 Orte in Krakau, die man gesehen haben muss
ISBN 978-3-7408-1087-0

Fotonachweis

Ort 1: Katrin Block; Ort 6, 34, 40, 95: Usedom Tourismus GmbH; Ort 7: Cosun Beet Company; Ort 8: Rex Schober/Abenteuer Flusslandschaft; Ort 9: Lilienthal Museum; Ort 14: mauritius images/Joachim Jockschat; Ort 15: Kulturmühle Benz e.V.; Ort 17: Ina Schirmer; Ort 22: Caspar-David-Friedrich-Zentrum Greifswald; Ort 25: Erlebins Akademie AG; Ort 26: Jasmin Fernholz; Ort 30: Adler-Schiffe GmbH & Co KG; Ort 37: Florian Kahnt; Ort 47: Conny Schöttner; Ort 52: Atelier ONH; Ort 53: Stephanie Lehmann; Ort 54: Wolfgang Sauer; Ort 58: Alwin Harder; Ort 61: Jörgen Radach; Ort 63: Mirabell e. V.; Ort 64: Boot-Workshop; Ort 69: Dirk Weichbrodt; Ort 71: Heimatverein Lieper Winkel e. V.; Ort 72: Wolfgang Baumann; Ort 74: Nandalee Naturcamping; Ort 75: Anja Glas (Mäuse Kamera); Ort 93: Hanna Lachowska; Ort 94: O. Backenköhler/Welt aus Sand; Ort 96: Antje Hackbarth; Ort 102: Postel; Ort 104: Weiße Düne

Danksagung

Bei der Entstehung von Büchern im Allgemeinen – und von Reiseführern im Besonderen – sind viele Menschen behilflich. Ihnen allen sei an dieser Stelle gedankt. Vor allem jedoch – wie immer streng alphabetisch: Tillmann Brehmer, Kai Festersen, Swentja Krumscheidt, Hanna Lachowska, Pav Mxski und Natalia Vlashchenko.

Thomas Fuchs liebt Orte am Meer oder wenigstens an der Küste. In dieser Reihe erschienen bereits von ihm »111 Orte in Amsterdam« und »111 Orte in Nordholland, die man gesehen haben muss«. Dass er Flüssigem gegenüber grundsätzlich positiv eingestellt ist, zeigt der Band »111 deutsche Biere, die man getrunken haben muss«.